CONCOURS DES GRANDES ÉCOLES SCIENTIFIQUES
2021-2022

20 fiches
sur les œuvres au programme

L'enfance

Rousseau – *Émile ou De l'éducation* (livres I et II)
Andersen – *Contes*
Soyinka – *Aké, les années d'enfance*

Sous la coordination de
Géraldine Deries et Morgan S. Trouillet

Par

Rémy Arcemisbéhère
professeur agrégé de lettres modernes
docteur en lettres

Christine Baycroft
professeur agrégé de philosophie
docteur en philosophie

Matthieu Bennet
professeur agrégé de philosophie
ancien élève de l'ENS Lyon

Jacques Bianco
professeur agrégé de lettres modernes

Géraldine Deries
professeur agrégé de lettres modernes
ancienne élève d'HEC
docteur en lettres

Tristan Isaac
professeur agrégé de lettres classiques
interrogateur en CPGE

Mateo Legrand
professeur agrégé de philosophie

Paul-Joseph Michel
professeur agrégé de lettres modernes

Élise Sultan-Villet
professeur de philosophie
docteur en philosophie

François Tenaud
professeur agrégé de philosophie

Morgan S. Trouillet
professeur agrégé de lettres modernes
interrogateur en CPGE

Gabrielle Veillet
professeur agrégé de lettres modernes

Achevé d'imprimer en mai 2021
sur les presses de la Nouvelle Imprimerie Laballery 58500 Clamecy
Dépôt légal : mai 2021
Numéro d'impression : 105192

Imprimé en France

La Nouvelle Imprimerie Laballery est titulaire de la marque Imprim'Vert

ISBN : 978-2-35141-380-7
ISSN : 1966-8562

Mode d'emploi

Étudier un thème, c'est partir en exploration d'un territoire inconnu. Les œuvres au programme y sont des montagnes dont l'escalade permet d'embrasser du regard une portion du thème. Cet ouvrage, c'est le moyen de rendre votre aventure plus rapide, plus agréable et plus pertinente.

- Avant de vous lancer dans une œuvre, lisez la présentation de l'**auteur**, de son époque, de ce qu'il a écrit, du genre littéraire qu'il a choisi, de la même manière que vous vous renseignez sur une région avant de partir en voyage.
- Optez ensuite pour la balade en hélicoptère et laissez-nous vous montrer une **vue d'ensemble** de l'œuvre, ses grandes idées, ses personnages.
- Exploitez les **résumés** en accompagnement de votre lecture : lisez d'abord le résumé du chapitre ou de la scène pour savoir ce qui vous attend, puis le texte de l'auteur, et revenez au résumé comme à un *check-point*.

Tout au long de votre lecture, n'hésitez pas à annoter aussi bien ce livre que les œuvres au programme. Construisez votre propre opinion même si vous n'êtes pas sûr de vous : ce sera valorisé aux concours et vos révisions seront facilitées.

Une fois votre lecture terminée, rassemblez vos souvenirs et cherchez les différences de point de vue et les points communs entre les œuvres. Vous pourrez alors aborder les fiches de synthèse à la fin de cet ouvrage : faites-vous une idée sur le thème qu'elles abordent puis comparez vos réponses aux nôtres.

Jamais un outil aussi complet et synthétique n'avait été mis à la disposition des prépas : **30 pages par œuvre, 33 pages pour 11 fiches de synthèse**. Grâce à ce livre, l'efficacité de votre travail sera décuplée. Le thème deviendra clair et vous saurez tout de suite ce qu'il faut retenir des œuvres au programme.

L'ensemble de l'équipe vous souhaite un bon
travail et une belle réussite aux pconcours.

Sommaire

Fiches thématiques

Rousseau et son œuvre

1 Rousseau : les méditations d'un solitaire

Une vie d'errances et de conversions

Jean-Jacques Rousseau est né à Genève en 1712. Sa famille, protestante d'origine française, avait dû quitter la France catholique. À la mort de sa mère, Rousseau est élevé par son père puis par son oncle, un pasteur protestant qui le place comme apprenti chez un graveur. Rousseau supporte mal ses années d'apprentissage au point de décider de quitter Genève à l'âge de 16 ans. Un curé le recommande alors à Mme de Warens, chargée de le convertir au catholicisme. Dans ses *Confessions*, Rousseau parlera avec affection de celle qu'il appellera « Maman ». Sur ses conseils, il abandonne le protestantisme. Rousseau multiplie alors les voyages et enseigne la musique. En 1736, il s'installe chez Mme de Warens aux Charmettes, près de Chambéry, en qualité d'intendant. Et, en 1741, il se rend à Paris pour proposer un nouveau système de notation musicale.

Son voyage à Paris est l'occasion de sa rencontre avec Diderot. Il épouse Thérèse Levasseur, modeste employée de maison, avec qui il aura cinq enfants, tous confiés aux Enfants Trouvés. Sommé de se justifier d'avoir ainsi abandonné la garde et la responsabilité de ses enfants, Rousseau argue de la mauvaise éducation qu'ils auraient reçue auprès de leur mère ou de la famille de celle-ci. Pour les mêmes raisons, que nous développerons dans les fiches suivantes centrées sur les idées éducatives de Rousseau, il refusa de les confier aux amis qui le lui avaient proposé. Sa vie prend un tournant philosophique lorsqu'en 1750 il répond dans son *Discours sur les sciences et les arts* (1755) à la question posée par l'Académie de Dijon : « le rétablissement des sciences et des arts a-t-il contribué à épurer les mœurs ? » Rousseau répond par la négative et devient un philosophe célèbre à 38 ans. Démontrant la corruption engendrée par le progrès et le luxe, Rousseau se détourne bientôt des salons parisiens pour retrouver la campagne : le *Discours sur l'origine et les fondements de l'inégalité parmi les hommes* insiste sur la dépravation de l'homme primitif par la civilisation. Reconverti à la religion calviniste, il s'installe à Montmorency où il écrit l'essentiel des œuvres qui le condamneront à nouveau à l'errance : on lui reproche les idées religieuses de la *Profession de foi du vicaire savoyard* (dans *Émile*, 1762) comme les idées politiques du *Contrat social* (1762 aussi).

À 50 ans, il doit fuir en Suisse, puis en Angleterre, avant de revenir en France en 1768. Après quelques années à Paris, il se réfugie à Ermenonville pour tâcher d'y retrouver le bonheur qu'il avait pu connaître. Rousseau y meurt à 66 ans, laissant inachevées ses *Rêveries d'un promeneur solitaire.*

La sincérité à l'œuvre

Rousseau est-il un écrivain ou un philosophe ? Cette alternative n'a pas de sens pour cet homme de lettres comme de convictions. Divers genres littéraires nourrissent sa philosophie comme autant d'illustrations à destination du plus grand nombre. L'unité de son œuvre est dans une philosophie qui se définit par un discours sur l'homme et son bonheur. Les considérations politiques de Rousseau rejoignent ses réflexions morales, en toute sincérité, dans une forme inédite mêlant philosophie et littérature.

Rousseau fait œuvre de philosophe mais il est contre « les philosophes ». Il les accuse de tenir un discours creux. À contre-courant des Lumières de Diderot et d'Alembert, auteurs de l'*Encyclopédie* (1751–1772) qui répertorie, pour mieux les diffuser, les connaissances des hommes, Rousseau juge et déplore, dans le *Discours sur les sciences et les arts* en 1750, que les progrès de la civilisation corrompent. Leurs effets pernicieux sont loin de nous avoir rendus plus heureux. En 1755, le *Discours sur l'origine et les fondements de l'inégalité parmi les hommes* donne les raisons d'une telle dépravation : l'homme est naturellement bon, mais les hommes sont méchants quand ils vivent en société et sont mal gouvernés. Dans ce second discours, Rousseau pense le passage entre l'état de nature et l'état social, dénonçant les mauvaises interprétations qui ont fini par faire prendre les inégalités sociales pour des inégalités fondées en nature. Il énonce les termes du seul contrat social légitime, garant de l'égalité et de la liberté des hommes, dans *Du Contrat social* en 1762. Rousseau entend fonder le bien commun sur la volonté générale qui part de tous pour s'adresser à tous, contre les intérêts particuliers des puissants. Trente ans avant la révolution française, il se pose en défenseur de la cause des opprimés.

Rousseau est romancier mais il est contre le genre romanesque qu'il juge superficiel et licencieux. Il écrit *La Nouvelle Héloïse* en 1761 et *Émile, ou De l'éducation,* en 1762 qui, à mi-chemin du récit et de l'essai, racontent les aventures édifiantes de personnages fictifs, témoins ou porte-parole des thèses rousseauistes. *Les Confessions,* que Rousseau achève en 1770, marque l'histoire littéraire comme étant l'un des premiers livres autobiographiques. Rousseau revient sur les événements marquants de son enfance, dans une narration à la première personne. Ces ouvrages attestent par leur forme même que Rousseau reconnaît les limites de la solution politique à la dégradation des hommes. Seuls des récits de vie réelle ou fictive peuvent prévenir cette inflexion en mettant à jour les mécanismes à l'œuvre et en cherchant à les déjouer à l'échelle même de l'individu. D'ailleurs, le dernier ouvrage de Rousseau ouvre la voie d'une recherche toute personnelle du bonheur. En effet, dans les *Rêveries d'un promeneur solitaire*, inachevées et publiées à titre posthume, il vante les joies de la méditation et de la botanique, à l'abri des autres hommes, pour une fusion littérale et littéraire avec la nature.

2 Un philosophe et un chrétien incompris

La querelle de Rousseau et des philosophes de son temps

Rousseau s'oppose aux philosophes en général. Selon lui, ils cultivent l'art du paradoxe, autrement dit du discours allant délibérément à l'encontre de l'opinion populaire, en toute mauvaise foi, dans le seul but de briller. Contre ce mépris du peuple, Rousseau en appelle au bon sens universellement partagé, supérieur aux verbiages des prétendus philosophes.

Rousseau partage avec les philosophes des Lumières la critique des préjugés et la promotion de la liberté. Mais, en 1758, Rousseau rompt définitivement son amitié avec Diderot (1713–1784). Pour Rousseau, les hommes deviennent méchants dans une société mal organisée, pour Diderot, c'est l'homme solitaire qui est méchant. Selon le premier, les arts et les sciences ont causé beaucoup de tort aux hommes ; la mauvaise vie des hommes et femmes de théâtre, tout comme la passivité des spectateurs devant les représentations, pervertissent le public. De plus, Rousseau s'insurge contre la philosophie matérialiste de son temps représentée notamment par Helvétius (1715–1771) qui, en démontrant que tout est matière, remet en cause les fondements de la religion chrétienne. Or, l'homme n'est pas que corps, selon Rousseau.

La célèbre polémique entre Rousseau et Voltaire (1694–1778) oppose ces deux écrivains autour de la question du luxe et de la valeur de la société des hommes. Voltaire fait l'éloge du luxe, des plaisirs et du progrès dans son poème intitulé *Le Mondain* en 1736. Il fustige Rousseau qui voudrait, selon un malentendu qui restera célèbre, nous renvoyer marcher à quatre pattes dans l'état de nature. De son côté, Rousseau accuse Voltaire de contaminer Genève, où il s'est également réfugié, de son esprit perverti. Rousseau ne suit pas Voltaire dans sa condamnation du christianisme et dans son refus d'un ordre moral dans le cœur des hommes.

Les deux philosophes ne vont cesser de se haïr et se critiquer dans leurs écrits mais sans se connaître véritablement. Morts à un an d'intervalle, le hasard a voulu que leurs cendres se côtoient et, selon la rumeur, se mêlent au Panthéon.

De telles relations mouvementées poussent Rousseau à se sentir rejeté par ses pairs. Cela relève parfois d'un sentiment infondé mais aussi du fonctionnement d'un esprit qui a le goût de la controverse. Alors que ses derniers écrits l'ont condamné à l'exil, il rédige, à la fin de sa vie, en 1772, un dialogue intitulé *Rousseau, juge de Jean-Jacques*, dans lequel il se dédouble pour justifier son propos. Il cherche à comprendre les raisons de la haine généralisée qui l'a conduit à se réfugier dans la solitude, loin de ses contemporains.

La querelle de Rousseau et des religieux de son temps

Si Rousseau irrite certains philosophes pour ses convictions religieuses, il irrite tout autant les religieux pour ses écrits philosophiques. Il semblerait, en effet, que le XVIIIe siècle français peine à saisir son double statut de philosophe et de chrétien contrairement aux Lumières allemandes ou anglaises. Rousseau remet en cause le conflit entre l'Église et les Lumières et énonce les termes d'une réconciliation inédite.

La *Profession de foi du vicaire savoyard*, extraite du quatrième livre de l'*Émile*, entérine sa rupture avec les philosophes autant qu'avec l'Église, qu'elle soit catholique ou reformée. Le personnage du vicaire incarne la jonction polémique entre la philosophie et la religion que le christianisme ne pourra pardonner à Rousseau. Dans l'*Émile*, Rousseau critique l'enseignement des mystères irrationnels, comme les miracles, aux jeunes enfants. La religion, contrairement à la superstition, comprend des vérités rationnelles qui ne peuvent être saisies qu'à 18 ans avec le développement de la raison. Cette acquisition tardive des vérités religieuses a fait l'objet de nombreuses objections de la part des religieux. Rousseau accorde certes qu'il y a une part d'incompréhensible dans la religion, où seul le sentiment peut nous guider. Mais contre les religieux qui soumettent la raison à la foi (par exemple les jansénistes, comme Pascal), Rousseau considère que la raison a un rôle à jouer et pose ses propres limites en s'en remettant aux sentiments, si nécessaire. C'est l'autorité de la raison qui doit soumettre l'autorité de l'Église et des livres. Rousseau conçoit un lien intime entre les hommes et Dieu et ne pense pas, comme Voltaire, qu'un Dieu impersonnel et incompréhensible soit à l'origine du monde.

À la religion révélée fondée sur les textes sacrés, Rousseau oppose la religion naturelle que chacun peut entendre au fond de son cœur et que nous impose le spectacle de la nature. Jésus Christ n'est plus divin, mais il reste un être exemplaire, et Rousseau n'est pas anti-chrétien en ce qu'il pense la religion naturelle au fondement du christianisme. Quant à la Révélation, il émet un doute respectueux : son cœur l'incite à y croire, mais sa raison se heurte à son caractère irrationnel. Rousseau nie enfin la doctrine du péché originel et juge l'homme naturellement bon. Mais si l'homme est corrompu par la société, la question de l'éducation des enfants se pose de façon urgente. Peut-on, et si oui comment, former un individu meilleur ?

3 L'anthropologie philosophique de Rousseau

L'homme est naturellement bon mais les hommes sont devenus méchants

Rousseau pense la nature comme une norme lui servant de référence pour comprendre ce qu'est l'homme, ce qu'il est devenu et les moyens d'enrayer une telle dégradation.

Dans son *Discours sur l'origine et les fondements de l'inégalité parmi les hommes*, Rousseau étudie comment l'homme naturellement bon a pu se dégrader au point de commettre et subir le mal. À cet effet, il multiplie les conjectures sur ce que peut être l'homme, à l'état de nature, tout en s'aidant des observations qu'il trouve dans les récits de voyages au sein de peuplades reculées. L'hypothèse d'un état d'avant la vie en société lui permet de mesurer l'évolution des hommes. Qu'est-ce que l'homme en deçà de ses variations historiques et géographiques ? Du point de vue moral, l'homme de l'état de nature ne connaît que l'« amour de soi » autrement dit la lutte pour sa propre survie que vient modérer la pitié. Du point de vue physique, il est plus robuste que l'homme civil et ne connaît que ses seuls besoins naturels. Du point de vue métaphysique, il est libre, contrairement aux animaux, et perfectible, c'est-à-dire à même de se dégrader comme de s'améliorer. Indépendant et solitaire par nature, l'homme jouit naturellement du bonheur, de l'égalité et de la liberté.

La notion de propriété donne naissance à la société civile qui engage la dégénération de l'amour de soi en « amour propre ». Les hommes ne pensent plus qu'à leur seule conservation, ils se comparent les uns aux autres et les rivalités se multiplient. Bientôt, ils sont pris dans l'engrenage des désirs superficiels et des passions irrationnelles. La dénaturation est en marche si bien que l'état de nature laisse place à un état de guerre de tous contre tous. La paix s'achète alors au prix fort de la liberté que chacun accepte d'aliéner à un pouvoir fort. Telle est l'origine de l'inégalité parmi les hommes et de ses malheurs.

Rousseau montre ainsi que l'homme de la nature, loin d'être la brute hostile envisagée par Hobbes (1588–1679), est plus humain que les êtres artificiels et méchants que nous sommes devenus. Néanmoins, contrairement aux caricatures de ses détracteurs, Rousseau n'est pas un philosophe du retour régressif à l'état de nature. On ne peut revenir en arrière dans le temps, d'autant que l'état de nature n'est qu'une hypothèse théorique. Rousseau entend simplement limiter autant que possible la dénaturation des hommes, en passant notamment par une meilleure éducation.

À la recherche d'une solution politique

Une première solution à la dégradation de l'homme est cherchée au niveau politique. *Du Contrat social* de Rousseau pense les fondements d'une autorité légitime en toute égalité, liberté et justice. Il recherche les critères d'une société idéale qui pourrait servir de référence pour en finir avec l'oppression injustifiée et injuste des hommes par les gouvernants. En ce sens, sa démarche est à rapprocher de celle de Platon dans *La République*.

L'anthropologie du *Discours sur l'inégalité* fournit à Rousseau les principes de sa philosophie politique en mettant en évidence ce qu'il faut respecter dans la nature de l'homme pour construire un État légitime. Or, quel est le principe de continuité entre l'état de nature et l'état civil ? Il nous est donné dans la définition de l'homme. La liberté et l'amour de soi doivent être au fondement d'un droit positif légitimé par le droit naturel. L'homme ne peut accepter de soumettre sa liberté sans s'anéantir en tant qu'homme. Si chacun accepte de se soumettre à chacun et aliène ses droits à la communauté, le pouvoir est en partage et ne dépend plus d'un gouvernant tyrannique. Le gouvernement politique a une fonction morale : il doit anéantir l'amour propre pour restaurer l'amour de soi et donc partir du mal pour retrouver le bien. Il faut changer le cours de l'histoire des hommes pour qu'elle ne soit plus l'histoire du mal. À cet effet, le politique peut compter sur l'amour de soi. Chaque homme a intérêt, pour sa propre conservation, à mettre un terme à la guerre de tous contre tous et à s'unir. En perdant la liberté naturelle, toute aléatoire car liée à sa force physique, l'homme gagne la liberté civile. Celle-ci émane des lois formulées par la volonté générale qui doit être la volonté de tous. En obéissant à la loi qu'il s'est lui-même prescrite dans le sens du bien commun, l'homme sort de l'esclavage des désirs pour devenir un citoyen. Ses propriétés sont désormais instituées et protégées par les lois. En outre, la nature humaine se perfectionne : l'homme uni à la communauté en reconnaît les avantages et devient moins égoïste.

À la recherche d'une solution individuelle

Reste que Rousseau a peu d'espoir de voir un jour se réaliser la société dont il a pensé les fondements tant la dégradation des hommes est avancée. Contemporain du *Contrat social*, l'*Émile* envisage comment former un individu depuis son état naturel d'enfant jusqu'à l'âge adulte, et non comment réformer des citoyens. Il doit trouver une autre solution pour ne pas laisser la nature humaine dégénérer. Il pense à une issue au niveau de l'individu lui-même. C'est ce qu'il propose dans son traité d'éducation intitulé *Émile, ou De l'éducation*. Dans cet ouvrage, Rousseau imagine les étapes de l'éducation d'un personnage fictif, Émile. Il veut montrer comment empêcher la dépravation de la bonté naturelle d'un homme en particulier. L'enfant partage l'innocence de l'homme de la nature. Naturellement, son cœur n'est pas corrompu : seule une bonne éducation pourra empêcher sa dégradation. Et peut-être des individus non corrompus pourront-ils produire une société plus juste ?

Le maître mot du livre est d'éduquer les enfants selon l'ordre de la nature. En effet, la dépendance aux hommes a des effets néfastes sur son développement. Il faut laisser toute sa liberté à l'enfant. Trop d'interventions extérieures de la part des parents ou du précepteur entravent son indépendance. En outre, la dépendance aux choses favorise l'amour propre, cette version pervertie de l'amour de soi, et asservit les hommes à leurs désirs. Au contraire, le respect de l'ordre naturel permet l'usage de la liberté qui seule peut nous rendre heureux. Les hommes doivent apprendre à maîtriser leurs désirs en conformité avec les besoins raisonnables qui peuvent les satisfaire. Comme les philosophes stoïciens, Rousseau définit le bonheur comme le contentement par les choses que l'ont peut se procurer, en toute indépendance et en toute autarcie.

Il faut prendre garde à respecter les étapes naturelles du développement des facultés de l'enfant. La raison étant d'acquisition tardive, par rapport à la sensibilité et à la force physique, il ne sert de rien, par exemple, de lui parler de religion trop tôt sauf à faire d'Émile un fanatique ou un superstitieux répétant sans les comprendre les préceptes enseignés. En matière d'éducation, il vaut mieux perdre du temps que d'en gagner. L'enfant doit être considéré pour ce qu'il est – un enfant – et non pour ce qu'il n'est pas encore – un adulte. Reconnaître l'enfant dans l'enfant et composer avec ses besoins, ses facultés, sa force physique… est essentiel pour adapter son éducation. La nature est à la fois le guide et le lieu des apprentissages. Les promenades avec le pédagogue sont l'occasion… d'expériences sur le terrain qui lui seront beaucoup plus bénéfiques que tout ce qu'il peut apprendre dans les livres.

Vue d'ensemble d'*Émile*

Le passage au programme comporte les livres I et II d'*Émile ou De l'éducation*. Durant les cinq livres de son traité sur l'éducation, Rousseau décrit la formation d'un enfant imaginaire, prénommé Émile, depuis sa naissance jusqu'à sa paternité. Fondé sur un ensemble de réflexions et d'observations empiriques sur la nature humaine, ce parcours est l'occasion pour Rousseau d'exposer ses thèses sur la bonté originelle de l'homme. L'éducation selon le modèle de la nature est envisagée comme un moyen de conjurer la dégradation des hommes dans la société. L'ouvrage paraît en 1762, la même année que le tout aussi controversé *Contrat social*. Il défend des thèses qui ont contraint Rousseau à s'exiler à Genève pour ses critiques de la religion révélée et de la société de son temps.

1 Avant le passage au programme

La question de l'éducation occupe une partie de la vie et de l'œuvre de Rousseau, alors même qu'il a abandonné ses propres enfants. Maître de musique, il a également été le précepteur des enfants de Monsieur de Mably en 1740, date à laquelle il ébauche *Un projet pour l'éducation*. Dans son roman épistolaire *La Nouvelle Héloïse* (1758), une lettre de Saint-Preux envisage l'éducation des enfants de Julie dans des termes proches de ceux de l'*Émile*. Inachevé, le roman *Émile et Sophie ou Les Solitaires* poursuit l'itinéraire du personnage.

Dès le titre, l'ouvrage s'annonce à mi-chemin entre le roman – celui d'un enfant fictif, Émile – et un essai philosophique sur l'éducation. Les passages narratifs alternent avec les développements théoriques sur la nature humaine, la morale, la religion, la politique... Par rapport aux *Aventures de Télémaque* de Fénelon (1699), Rousseau accorde une large place à des réflexions abstraites tout en déplorant l'aridité des livres pédagogiques tels que le *Traité des études* de Rollin (1725). Ce statut hybride sert son propos en illustrant les voies de son application, en situation, sur un élève, pourtant imaginaire.

La préface d'un ouvrage unique en son genre

L'enfant dans l'enfant : un objet inédit

Initialement destiné à répondre aux sollicitations d'une mère, Madame de Chenonceaux, l'*Émile* prend de l'ampleur eu égard aux dispositions philosophiques de cette dernière. « C'est pour les esprits de la trempe du sien que j'ai pris la plume » indiquent les *Lettres écrites de la montagne* (1764) de Rousseau.

Prévenant d'éventuelles objections, l'ouvrage s'ouvre sur le désordre relatif de ce « recueil de réflexions et d'observations » laissé à l'appréciation d'un lectorat lettré. Les redites sont nombreuses dans ce livre volumineux qui donne peu d'indications sur son personnage principal. Pour autant, Rousseau insiste sur sa valeur s'il s'agit d'exposer « l'art de former des hommes » mieux que ne l'ont fait d'autres avant lui, à commencer par Locke, auquel il reproche de faire raisonner trop tôt les enfants.

De l'aveu de son auteur, l'originalité de l'*Émile* vient de ce qu'il considère l'enfant, et non l'homme qu'il va devenir, dans l'enfant. Il faut connaître l'enfant en lui-même, sans s'y projeter en tant qu'adulte. Prendre l'enfant pour objet est d'un intérêt majeur, selon Rousseau, quand bien même la méthode qu'il va exposer par la suite, à savoir l'éducation négative, serait fausse. Son ouvrage aura au moins le mérite d'avoir mis en évidence l'enfant comme un sujet essentiel et encore inexploré.

Suivre « la marche de la nature » pour un projet nécessaire et bon

Le livre de Rousseau est structuré selon la marche naturelle des progrès des facultés humaines. Il suit et décrit leur apparition chez son personnage principal. Si on peut y voir des « rêveries d'un visionnaire sur l'éducation » plus qu'un « traité d'éducation », c'est qu'il s'inspire des observations mais aussi de ce qu'on peut imaginer de l'homme de la nature, qui n'existe plus aujourd'hui et auquel l'enfant donne à penser.

Après avoir envisagé le mode de composition de son ouvrage, Rousseau en expose les bénéfices. Si le projet est tenu pour absolument bon, en théorie, c'est qu'il se conforme à la marche de la nature, elle-même nécessairement bonne. Sa faisabilité en pratique et les modalités de son application ne concernent pas Rousseau. Il lui suffit de dire qu'un gouverneur bien avisé pourra l'adapter aux circonstances et aux situations les plus variées.

2 Problématique du passage au programme

Les livres I et II d'*Émile* abordent le « plus dangereux intervalle de la vie humaine [...] celui de la naissance à l'âge de douze ans ». Dès ses premiers jours de vie, l'éducation de l'enfant est déterminante. C'est elle qui infléchira son existence future d'homme et de citoyen. Pour former l'homme sans le déformer, elle doit suivre « la marche de la nature », à commencer par considérer l'enfant dans l'enfant.

Livre I : la petite enfance d'Émile (jusqu'à 2 ans)

Trois formes d'éducation pour un être vulnérable et dépendant

Vulnérable, le nourrisson réclame des soins accrus. Il ne peut subvenir seul à ses besoins. Il dépend de trois maîtres : la nature, les hommes et les choses, à l'origine de trois formes d'éducation. L'éducation selon la nature correspond au développement progressif des facultés humaines. C'est elle qui doit servir de référence aux hommes (parents, gouverneur...) qui l'accompagneront. Quant à l'éducation des choses, elle correspond à l'expérience que fait Émile de ses véritables besoins.

Savoir écouter l'enfance dans l'enfant

Ni la raison ni la morale ne sont encore accessibles au jeune enfant. Rousseau défend une éducation qui suivrait le rythme de son développement, sans précipitation. L'enjeu est de taille : on dénature l'enfant en voulant lui inculquer des raisonnements et des pratiques qu'il ne peut pas comprendre. Il ne pourra devenir un adulte sociable et au plus près possible de ce qu'il est par nature que si ceux qui le gouvernent laissent faire la nature.

Livre II : vers la « raison puérile » (de 2 à 12 ans)

L'éducation négative

Vers l'âge de 2 ans, l'enfant passe des mains de la femme (mère ou nourrice) à celles de l'homme (père ou gouverneur). La démarche de ce dernier se place sous le signe de « l'éducation négative ». Il s'agit de veiller à lutter contre la tendance à vouloir enseigner trop tôt des compétences ou des savoirs qui n'auront d'intérêt que pour l'adulte. L'enfant n'est pas un adulte miniature. De même, il faut s'empêcher, sous prétexte de le protéger ou de l'aider, de faire les choses à la place de l'enfant. C'est en étant actif que l'enfant apprend tout ce dont il a besoin, et c'est en le laissant se consacrer à ses besoins qu'on lui donne l'envie d'apprendre.

Liberté et bonheur

Un trait important de la pensée de Rousseau est que l'enfance peut et devrait être un âge heureux. Certes, il ne faut pas confondre le bonheur avec le confort, qui empêcherait l'enfant de tester ses forces contre le monde. Mais si l'on tient compte de la part inévitable de souffrances dans la vie humaine, l'enfance est finalement pour Rousseau un âge heureux, car c'est un âge où on devrait pouvoir profiter de sa liberté. Cette liberté est vaste : liberté de bouger, d'expérimenter, de se tromper. Toutes les réflexions pratiques de Rousseau tournent au fond autour de ce projet : cultiver la liberté pour développer les ressources naturelles de l'enfant. Si l'enfant n'est pas perverti par des désirs qui ne sont pas de son âge, il fera tous les efforts pour devenir capable de satisfaire ses véritables besoins. Il en tirera joie et fierté. Son enfance aura été réussie, même si elle doit s'arrêter tôt eu égard à l'importante mortalité des enfants à l'époque.

3 Après le passage au programme

Livre III

Après les stades de l'enfance des deux premiers livres, Rousseau étudie la formation d'Émile à l'âge de 12–13 ans, soit durant la période qui précède la puberté. Lors de ce dernier moment de l'enfance avant l'adolescence et ses passions, Émile dispose de plus de forces physiques que de besoins. Sa curiosité pour le monde extérieur se développe. C'est donc son rapport aux choses qui doit être éduqué à présent.

Plus de forces que de besoins

Faible à la naissance, Émile a désormais gagné en force. Pour l'unique fois de son existence, il est capable de subvenir seul à ses modestes besoins et même au-delà. À ce stade de son développement, il est central pour lui d'apprendre à déterminer les choses qui lui sont réellement utiles. Cette étape marque le début de l'éducation du jugement d'Émile, guidé par sa sensibilité physique.

Nourrir la curiosité de l'enfant

Émile se révèle également dans une nouvelle disposition d'esprit qui le porte hors de lui-même. Il s'intéresse activement et avec plaisir au monde qui l'entoure, au-delà de ce qui lui permet d'assurer sa survie. Cette « curiosité naturelle » est un ressort essentiel de son apprentissage. Le gouverneur doit en profiter pour attirer son attention sur les phénomènes de la nature, la géographie, l'astronomie, la végétation... tels qu'ils se perçoivent dans les faits, par son expérience sensible, et non tels qu'ils sont représentés dans les livres. Par différents exercices d'observation, il faut apprendre à l'enfant à aimer les sciences mais sans les lui enseigner de prime abord. Cette mise en situation constitue encore aujourd'hui l'un des piliers de la pédagogie.

Apprendre ce qui est utile

Le gouverneur doit guider Émile vers les objets qui lui sont réellement et aussitôt utiles. C'est pourquoi, toute lecture est à exclure – « Je hais les livres ; ils n'apprennent qu'à parler de ce dont on ne sait pas », assène Rousseau – à l'exception d'une seule : celle de *Robinson Crusoé* de Daniel Defoe. Ce roman vaut par sa représentation d'un homme isolé et réduit aux choses nécessaires. Il rappelle la situation actuelle d'Émile, coupé de toute vie sociale. Émile doit-il pour autant refuser d'intégrer la vie sociale ?

Non, « Émile n'est pas un sauvage », il doit se socialiser, dès lors que l'état de nature a disparu à jamais, comme le décrit Rousseau dans le *Second discours*. C'est au moment de l'adolescence que se développeront ses relations aux autres hommes.

L'expérience du travail est essentielle à la formation d'Émile. Par elle, il s'initie à la politique. Historiquement, pour Rousseau, c'est le luxe et le culte du superflu qui ont rendu nécessaire le partage des tâches. Mais ce qu'en apprend d'abord Émile, c'est que les hommes peuvent se secourir les uns les autres, comme c'est le cas dans l'industrie et les arts mécaniques.

Avant de vivre et de travailler dans la société, Émile doit apprendre la valeur des échanges avec ses semblables. Les différents arts et métiers ont d'autant plus de valeur qu'ils répondent aux réels besoins des hommes, à l'image du premier d'entre eux, l'agriculture. Rousseau destine son élève imaginaire au métier honnête et utile de menuisier.

Livre IV

Ce livre suit Émile de ses 15 ans, début de l'adolescence, de la puberté, jusqu'à sa rencontre avec une femme, après ses 20 ans.

L'enfance, un modèle pour penser et justifier l'inégalité homme / femme

Le changement de la puberté est présenté par Rousseau comme celui qui fait apparaître la différence entre homme et femme, mais cette différence est pensée de façon très méprisante pour la femme, puisque si le garçon devient un homme, la femme est en réalité encore un enfant. Il s'agit là d'une thèse sexiste répandue, qui fait de la femme un homme diminué ou inachevé. Elle est un enfant perpétuel qui a toujours besoin d'un maître et surveillant. La femme n'est jamais libre, et elle passe du pouvoir d'un père à celui d'un mari.

L'adolescence, une « seconde naissance »

La puberté fait du garçon un adolescent. Les passions sexuelles pourraient commencer à apparaître. Faut-il, comme on le faisait alors, et souvent encore, combattre et interdire les désirs sexuels de l'adolescence ? L'attitude de Rousseau est double. D'une part, une éducation réussie va retarder l'expression de ces passions. D'autre part, il ne faut pas les combattre, mais les accompagner. Naturel, le désir sexuel ne doit pas faire culpabiliser. Il doit simplement venir en son temps, et sans les passions qui le dénaturent (peur, orgueil ou impatience). Rousseau reste ainsi fidèle à cet « art de prolonger » l'enfance, qui est selon lui la clé d'une entrée heureuse dans la vie amoureuse et sexuelle autant que sociale. Mais il faudra finalement bien parler, simplement et sans jamais mentir, des réalités de la sexualité et de l'amour.

L'entrée « dans l'ordre moral »

Cette entrée se fait avec l'adolescence. Les principes d'éducation par l'expérience demeurent, avec quelques aménagements. Pour Rousseau, il est toujours important d'éviter les leçons théoriques, les sermons. Autant que possible, il faut amener l'enfant à faire l'expérience qui lui permettra de sentir ce qui est bon ou mauvais. Le sentiment naturel de pitié est ce qui se développera en une véritable conscience morale. C'est cette conscience, plus que le raisonnement, qui développera les idées de bien, de mal, de justice. Il faut donc montrer, avec mesure, les misères du monde humain, lorsqu'il serait trop dur de laisser l'enfant les éprouver. C'est ici qu'interviennent, à titre subsidiaire donc, les livres, et l'étude de l'Histoire, qui remplacent une expérience si elle est impossible à faire par l'enfant.

Ce faisant, l'amour de soi « toujours bon et toujours conforme à l'ordre » n'aboutira pas à un amour-propre nocif. C'est lorsqu'on veut toujours se comparer aux autres, et qu'on veut que les autres nous préfèrent à eux, que les mauvaises passions se développent.

La profession de foi du vicaire savoyard

Ce passage est très célèbre dans l'œuvre de Rousseau, car il est celui qui a le plus attiré les foudres de la censure. C'est un récit, présenté comme une histoire vraie qu'il aurait entendue, et dont il avoue finalement qu'elle est la sienne. Elle raconte comment un jeune homme en perdition morale a été sauvé par un vicaire (un prêtre) qui lui a fait comprendre une forme de spiritualité au-delà des querelles religieuses entre catholiques et protestants (ou autres). Rousseau défend ici ce qu'on appelle une forme de religion naturelle, c'est-à-dire la croyance dans l'existence d'un être suprême, bon, et éloigné des théories et rituels exposés dans les religions révélées. La religion naturelle repose sur l'idée selon laquelle l'homme, par ses facultés, sa raison ou ses sentiments, peut comprendre toutes les choses importantes pour sa moralité et le respect dû au Dieu créateur. Pour Rousseau, la religion naturelle a une dimension moins rationnelle : c'est le sentiment, et non un raisonnement, qui nous fait comprendre les trois articles de foi du vicaire. Il y a une volonté à l'origine de la création du monde. Cette volonté est une intelligence infiniment supérieure, qui a donné aux hommes la liberté, et donc le pouvoir de choisir entre le bien et le mal.

Cela peut sembler aujourd'hui bien anodin, mais les conséquences pratiques d'une telle pensée religieuse sont considérables. Elles signifient que les rituels et les actes présentés comme interdits par les différents pouvoirs religieux sont souvent des superstitions d'origine humaine. Pour la vie de l'enfant, cela a une importance gigantesque : Rousseau estime qu'il n'y a rien à dire sur Dieu ou la religion à un enfant avant ses 15 ans, et qu'il suffit à ce moment de lui expliquer cette religion naturelle. Pour le reste, il ne faut instruire Émile dans aucune religion ; il choisira ensuite, s'il le souhaite, celle « où le meilleur usage de sa raison doit le conduire ». Il faut soustraire l'enfance à la volonté de captation des différentes religions révélées : voilà qui ne pouvait que déplaire à l'Église, et qui déplaira encore aujourd'hui à bien des croyants.

Une relation étroite avec l'adolescent

Les relations entre l'adulte et l'enfant devraient rester aussi étroites que possible. Le but de l'éducation jusqu'alors était aussi de faire en sorte que l'adolescent ne soit pas tenté d'aller chercher de mauvais modèles à l'extérieur. Plutôt que par la menace, ou le rappel solennel des devoirs de l'enfant, c'est par l'affection que le parent ou l'éducateur aura toute l'autorité pour prodiguer ces avertissements à l'adolescent. Si ce lien est réel, l'adolescent pourra progressivement être confronté au monde, aux arts, tandis que les appels à la chasteté de ses parents auront plus d'écho. Mais si Rousseau veut faire reculer après l'âge de 20 ans l'entrée dans la vie amoureuse et sexuelle, jamais il ne s'agit de la diaboliser.

Ainsi, jusqu'après les 20 ans de l'enfant, Rousseau appelle à une surveillance très forte, qui tient à ses principes éducatifs, mais aussi aux conceptions de son époque. Il est ainsi clair que c'est le parent, ou plutôt le père, qui va choisir la femme avec qui Émile sera marié. Avant cela, ce contrôle va très loin puisque le parent doit dormir dans la chambre de cet adolescent pour éviter qu'il ne se masturbe – Rousseau souscrit aux théories fantaisistes de l'époque sur la masturbation comme origine de maux graves et divers.

Livre V

Ce livre est celui de la sortie de l'état d'enfance, envisagée du point de vue du garçon qui est devenu homme et qui prendra une épouse, Sophie. Ce livre est l'occasion pour Rousseau de donner sa vision de la femme, une vision profondément inégalitaire et qui nous pousse à relire différemment ce qu'il dit de l'enfance dans les livres précédents.

Il y a en fait deux enfances

En homme de son temps, Rousseau développe une vision de la femme profondément sexiste et inégalitaire et ce qu'il dit de l'enfance jusqu'au livre IV, il ne le dit en réalité que des garçons. Toujours fidèle à son principe de l'éducation négative, Rousseau développe en longueur cette idée d'une femme dont il faut cultiver les qualités naturelles, très différentes cependant de celles du garçon.

Si l'éducation du garçon visait à la fois à lui faire profiter de l'enfance et à laisser mûrir ce qui allait faire de lui un homme, à aucun moment il n'est question de la rendre utile ou plaisante pour la femme.

L'enfance des femmes est relative à celle des hommes

L'éducation de la femme consistera à « former [...] la femme qui convient à cet homme ». Inférieure à l'homme, dépendante de lui, la femme « est faite pour plaire » à son mari : « toute l'éducation des femmes doit être relative aux hommes ». L'orientation de l'apprentissage de la parole diffère fortement, par exemple. En effet, le garçon doit apprendre à parler de ce qui est, à mobiliser ses connaissances pour agir et être maître de lui-même et du monde. La fille, quant à elle, doit s'habituer à plaire par ses paroles. De même, « leurs études doivent se rapporter toutes à la pratique ». On ne leur proposera pas la même chose qu'à Émile à l'adolescence. Elles sont de toute façon dépourvues de la raison, que les garçons sont seuls à détenir ; elles ne sont capables que de trouver comment atteindre les objectifs qui, eux, ne peuvent être fixés que par des hommes.

L'enfance des filles est moins libre

La plus grande différence ici entre l'éducation des femmes et des hommes est la place de la liberté. Alors qu'elle était le maître mot de l'éducation de l'enfant masculin, il n'en va pas de même pour les filles. « Il faut les exercer d'abord à la contrainte », pour les y habituer, puisque telle est leur destinée et qu'elles « doivent avoir peu de liberté ». Ainsi, elles développeront la « docilité dont les femmes auront besoin toute leur vie ».

Ce n'est que par la ruse et l'art de plaire que leur faiblesse se transformerait, selon Rousseau, en force. Ainsi s'équilibrent les relations amoureuses, entre un homme puissant et volontaire et une femme, discrète et sensible, mais qui devra tout de même et toujours obéissance à son mari puisque, comme pourraient un jour le lui dire ses parents, « le bonheur d'une honnête fille est de faire celui d'un honnête homme ».

Une entrée dans l'âge adulte sous surveillance

Toujours fidèle à cette double volonté de retarder l'entrée en couple et de mettre en scène la réalité pour qu'Émile soit libre tout en suivant l'éducation voulue par son éducateur, ce dernier reste très présent dans la vie du jeune homme. Il choisit Sophie, future épouse d'Émile, pour que sa personnalité convienne à celle du jeune homme. Il organisera la rencontre faussement fortuite avec Sophie. Il suit l'évolution de leurs amours et pousse Émile, après quelques mois de rapprochement amoureux, à partir en voyage pour en revenir plus mûr, capable d'être un bon mari et un bon père. Pendant ces deux ans de voyage, il devra finir sa formation, notamment sur les questions politiques, qui sont ici un abrégé de la philosophie du *Contrat social*. Lorsqu'il retrouve Sophie, ils se marient et Émile quitte définitivement l'enfance en ayant un enfant.

Résumé d'*Émile*, livres I et II

1 Livre I : la petite enfance d'Émile

Après avoir insisté sur l'originalité de son ouvrage par rapport aux autres traités de pédagogie, Rousseau entre dans le détail de ses réflexions. Il suit le développement naturel d'Émile pas à pas, à commencer par le stade de l'enfance. La première enfance (*infans*) va de la naissance à l'âge de l'apparition du langage, vers 2 ans. Dès les premiers moments de la vie, Rousseau insiste sur l'importance de l'éducation.

Former sans déformer

La voie d'une dénaturation naturelle

Le livre I s'ouvre sur un constat identique à celui du *Discours sur l'origine et les fondements de l'inégalité parmi les hommes* (1755). L'inégalité et la violence règnent chez les hommes sans que la nature, toujours bonne, n'en soit aucunement responsable. Ce processus de dépravation, qui fait leur malheur, est leur propre ouvrage.

La transformation de la nature à laquelle s'emploie la culture humaine est présentée comme inévitable, dans l'état actuel des choses. L'homme naturel n'a plus sa place dans la société. Les hommes sont allés si loin dans la dénaturation que les réformer aggraverait leur situation. Devant l'impossibilité de rétrograder, mieux vaut envisager cette transformation comme un « moindre mal », sous réserve de pouvoir la limiter. En particulier, l'éducation doit faire passer l'enfant à l'état d'homme en veillant à ne pas corrompre sa bonté originelle et à prévenir le chaos décrit dans le *Discours sur l'origine et les fondements de l'inégalité parmi les hommes*.

L'enfant a besoin d'assistance et de secours

L'enfant humain est particulièrement démuni. La faiblesse de cette créature pleureuse et pitoyable est à la fois physique et intellectuelle. Le jeune enfant est incapable de survivre ou d'exercer sa réflexion seul. Dépourvu de tout à la naissance, sa dépendance est totale. L'éducation doit alors doter l'enfant de tout ce dont il a besoin. Il ne possède et n'est rien sans elle. Il en va du développement de sa nature humaine, de sa liberté future et de sa vie même.

Éducations de la nature, des hommes et des choses

Difficile et exigeante, l'éducation idéale dépend du concours harmonieux de trois facteurs et maîtres : la nature, les hommes et les choses. En cela, elle relève d'un art « presque impossible » à maîtriser.

Référence et fin des deux autres éducations, l'éducation de la nature n'est pas de notre ressort. Elle renvoie au progrès interne des facultés de l'enfant, sur lequel nous n'avons aucune prise. En effet, la nature ne se réduit pas à une habitude que l'on pourrait contracter ou perdre aisément. L'éducation des hommes désigne l'intervention d'un tiers (parents, proches) et, en particulier, du précepteur. Déterminant, ce dernier a en charge d'orienter l'usage des facultés de l'enfant, en se laissant guider par la nature et ses dispositions primitives.

L'éducation des choses relève des expériences personnelles de l'enfant. Elle est centrale dès son plus jeune âge. Soumis à un ordre matériel et extérieur, Émile dépend des choses, mais encore faut-il qu'il apprenne à identifier celles dont il a réellement besoin. Il ne deviendra son propre gouverneur que sous réserve que son dépouillement originel ne dérive pas en soumission.

Éduquer un homme ou un citoyen

Les modèles de l'homme naturel et du citoyen

L'éducation d'Émile est indissociable de l'anthropologie de Rousseau. L'homme naturel, déjà décrit dans le *Discours sur l'origine et les fondements de l'inégalité parmi les hommes,* désigne l'individu tel qu'il a pu exister avant l'institution de l'état civil. Autosuffisant et indépendant, il est très peu sensible à l'amour-propre qui, contrairement à l'amour de soi, nous rend dépendants du regard des autres. Dans son traité d'éducation, l'homme de la nature est envisagé par Rousseau comme celui qui a développé ses facultés selon la méthode prescrite. Il n'a subi aucune des déformations qui ont ravagé la société. Produit de l'éducation par la nature, Émile reflète l'idée abstraite de ce premier homme qui n'est plus et ne sera plus jamais et qu'on ne peut donc se représenter qu'en imagination.

En référence au modèle de l'Antiquité, le citoyen renvoie à un individu qui préfère l'intérêt de l'État au sien. Il étend son amour de soi jusqu'à la communauté dont il fait partie et à laquelle il peut tout sacrifier, y compris sa famille, à l'image de la citoyenne de Sparte qui se réjouit de la victoire de sa cité alors même que celle-ci a coûté la vie à ses cinq fils. Or, s'il n'y a plus aujourd'hui de « patrie » ni de « citoyen » au sens fort de l'Antiquité, quel modèle faut-il suivre en matière d'éducation ?

Faire de l'enfant un être sociable

Former un citoyen comme jadis n'est ni faisable, ni souhaitable, car cela contredirait la destination humaniste d'Émile, dictée par la religion naturelle dont il sera question au livre IV (voir la fiche 2). Néanmoins, la formation d'Émile comporte une dimension politique. En l'absence d'une volonté générale d'où émaneraient les lois, conformément au projet du *Contrat social*, demeure une société à laquelle le jeune homme doit se rattacher malgré ses inégalités. Elle vise la liberté civile et morale ainsi que le droit de propriété de ses « citoyens ». Elle justifie que l'éducation d'Émile doit le préparer à sa socialisation future. Il ne faut pas l'élever pour qu'il reste seul mais pour qu'il puisse vivre en société.

De l'observation de l'enfant à la « théorie de l'homme »

Ce n'est pas le rang social ou la fonction à laquelle un enfant serait prédestiné (soldat, religieux, avocat...) qui décide de son éducation. Ces positions sont trop variables et incertaines pour en faire un but assuré. C'est donc l'éducation d'un homme en général – et non d'un individu appartenant à une certaine catégorie sociale ou doté d'un talent particulier – qui fait l'objet de l'*Émile*. Rousseau s'intéresse à la condition humaine telle qu'elle est dans la société de son temps, avec son lot d'instabilités et de contingences.

Rousseau insiste sur le fait que son ouvrage offre moins un guide de pédagogie pratique à destination des parents qu'une étude savante et philosophique sur la nature humaine. Entre traité théorique et fiction, il élabore un système d'éducation novateur et expérimente ses principes sur un enfant imaginaire. Malgré l'irréalisme de la situation présentée dans le livre, Rousseau a bien été, durant un an, le précepteur des fils de Monsieur de Mably, et revendique avoir passé du temps à écouter et regarder attentivement les enfants. Plus habile romancier que praticien, Rousseau avance sur la base d'observations qui retracent l'histoire complète d'un individu. C'est par le biais de ce personnage fictif, étudié depuis sa prime enfance, que l'*Émile* livre une « théorie de l'homme », comme le prétend Rousseau dans sa *Lettre à Christophe de Beaumont* (1763), « utile au genre humain ».

L'éducation domestique

Seule à même d'élever un citoyen modèle, l'éducation publique n'est plus possible selon Rousseau. On ne peut compter sur une éducation collective fiable tant que le programme politique du *Contrat social* n'est pas appliqué. Et ce ne sont pas les collèges, aux méthodes rétrogrades et absurdes (apprentissage par cœur, accumulation passive de connaissances inutiles et peu accessibles...), qui vont y suppléer. C'est pourquoi la sphère domestique demeure à privilégier, à condition de laisser faire la nature dans l'enfant.

La liberté des enfants : une question d'hygiène

Contre des pratiques répandues en son temps, Rousseau réfléchit à l'habillement, au régime et à l'hygiène de vie des nourrissons à une époque où la mortalité infantile est élevée. Fondées sur l'observation, ses recommandations répondent à une exigence de liberté. Dépendants, les plus jeunes ne doivent pas pour autant être aliénés par des autorités coercitives et des habitudes contraires à la raison, à la morale et à la nature. En particulier, les parents ont tout intérêt à ne pas les entourer de soins superflus pour ne pas affaiblir leur robustesse naturelle par des attendrissements inutiles.

Le maillot – grâce auquel on pouvait clouer les nouveau-nés au mur – et les langes contraignent le corps et ôtent la liberté de mouvement. Or, en plus d'être salutaire pour la santé et le bien-être, la capacité de mouvement, que permettent des vêtements plus amples dispose à la future liberté. Au contraire, celui qu'on habitue à être ligoté s'enlise dans une durable passivité. Si elles libèrent du temps à des parents défaillants, ces pratiques ne répondent aucunement aux besoins des enfants. Rousseau privilégie aussi l'allaitement maternel, et non par l'intermédiaire d'une nourrice comme c'était la coutume chez les plus aisés, pour ses bienfaits physiologiques, affectifs et moraux. Cet usage répand les bonnes mœurs et renoue des liens indispensables et naturels entre l'enfant et sa mère. C'est de cette dernière que Rousseau fait dépendre, de façon très inégalitaire, la santé et la moralité de l'enfant, même si Rousseau rappelle également le père à ses devoirs.

Qui gouverne l'enfant ?

La famille peut faire le choix d'un gouverneur, dédié bénévolement à la tâche unique de l'éducation de leur enfant. Ce maître doit être suffisamment jeune pour avoir une complicité avec son élève, tout en ayant lui-même été bien éduqué auparavant. Leurs destins sont d'autant plus liés qu'Émile imagine son personnage orphelin, pour ne pas diviser les autorités qui s'exercent sur lui et rendre plus lisible l'éducation qu'il reçoit. Émile n'est pas vu comme le disciple de son maître. La nature demeure leur guide commun. Par son intelligence de la marche de la nature, le précepteur peut l'anticiper sans la précipiter. En ce sens, l'éducation des hommes assiste celle de la nature et accompagne ses progrès.

Suivre la marche de la nature chez l'enfant

Pour éduquer un enfant, le mieux est d'« empêcher que rien ne soit fait ». Cette formulation négative équivaut-elle à ne rien faire ou à se reposer sur le hasard ? Au contraire, il faut faire montre d'une vigilance accrue pour que l'enfant apprenne les choses par lui-même et ne soit pas perverti par la société. Autrement dit, le gouverneur doit veiller minutieusement à la bonne formation de cet être malléable et encore indéterminé dont il a la charge. Il assiste la nature en la laissant faire, donc en ne la contraignant pas. Il y a là une prescription aussi positive que négative.

L'ordre naturel

L'« éducation négative » (livre II) consiste, pour le gouverneur, à empêcher la corruption de l'enfant en respectant l'ordre naturel d'apparition de ses facultés. Il ne s'agit pas d'éveiller trop tôt sa raison, comme Rousseau le reproche à Locke. Selon le philosophe anglais, il faut, « à l'âge où ils sont le plus dociles », habituer les enfants « à plier devant la raison » (Locke, *Pensées sur l'éducation*, 1693, §34). Mais l'enfant n'est d'abord que sensibilité. C'est par elle qu'il saisit le rapport des choses entre elles et les relations aux autres. Il doit donc, au préalable, éduquer ses sens pour disposer d'un matériau suffisant à l'application de sa raison, de son imagination et de sa mémoire quand viendra l'heure de leur développement. L'hypothèse d'un enfant déjà homme dès la naissance insiste sur la nécessité d'un apprentissage progressif et sur l'importance de l'association des trois types d'éducation.

La sensibilité et la langue de l'enfant

Comme les animaux, l'enfant ne dispose que de sa sensibilité physique, qui vise à la conservation de soi. Seuls le plaisir et la douleur le motivent, et ses premières pensées se réduisent à ses « sensations affectives », innées et passives, avant même qu'il ne soit capable de se représenter le monde extérieur. À l'origine de l'idée d'étendue, l'expérience du mouvement contribuera par exemple à le dissocier des objets qui l'entourent. Il revient donc au gouverneur de conduire et de diversifier les affections sensibles de l'enfant en le mettant en contact avec un très grand nombre d'objets (y compris les plus dangereux, comme les armes). Il pourra ainsi limiter ses peurs. Il doit progressivement éveiller le jeune Émile aux sensations, puis aux jugements qui suivront.

Par le langage, l'enfant exprime ses besoins corporels. En particulier, il communique son inquiétude et sa douleur avec ses pleurs et ses cris. Tant qu'elle est inarticulée et naturelle, sa langue est indépendante des passions et des sentiments, tout comme les gestes qui l'accompagnent.

Mais il faut prendre garde à n'accorder à l'enfant que ce qui lui est vraiment utile. En effet, les demandes superflues finissent par aliéner l'enfant et tyranniser les parents qui y cèdent.

La moralité de l'enfant

La conscience du bien et du mal est indissociable de la raison. C'est elle qui fait accéder l'homme à la moralité (voir la fiche 2 sur la « Profession de foi du vicaire savoyard »). Cependant, elle est encore muette chez le jeune enfant. En effet, tout en étant naturelle, elle ne s'exprime que si la raison est capable de formuler et de comprendre des règles, des principes. Or, l'enfant n'en est pas capable avant longtemps. Il dispose néanmoins d'un sentiment qui a trait à la manière dont autrui agit par rapport à lui. En lien avec la conservation de soi, cette première appréciation du cœur explique notamment les sentiments innés de justice et d'injustice sur lesquels Rousseau reviendra au livre II. L'enfant n'est donc pas tout à fait neutre moralement. Selon le dogme chrétien du péché originel, tous les êtres humains sont, dès la naissance, corrompus par la faute commise par Adam et Ève en consommant le fruit défendu par Dieu. Rousseau soutient la bonté originelle de la nature de l'enfant, innocent à la naissance. Il a été créé bon, et l'éducation doit empêcher qu'il ne devienne méchant.

2 Livre II : vers la « raison puérile »

Le passage du livre I au livre II correspond à un tournant majeur dans la vie de l'enfant. Plus qu'un âge précis, c'est une nouvelle compétence, le fait de savoir parler, qui va poser de nouvelles questions. Ce moment est aussi celui où l'on passe d'une éducation centrée sur la mère ou la nourrice à une éducation centrée sur le père ou le gouverneur. Au début de ce livre, Émile pourrait avoir 2 ans ; à la fin, il est âgé d'environ 12 ans, mais il a surtout acquis cette « raison puérile » que Rousseau tient à distinguer de l'illusion de savoir que les mauvaises éducations tendent à favoriser. Comment s'applique l'éducation négative vantée par Rousseau ?

De nouvelles aptitudes et de nouveaux dangers

Rousseau suit le fil des « forces que la nature » a données à l'enfance, pour mieux laisser l'enfant s'en servir librement. Quelles sont ces forces nouvelles que le parent et le gouverneur accompagnent ? Quelles erreurs faut-il éviter à leur sujet ?

Le langage de l'enfant, le langage de l'enfance

Rousseau commence par revenir sur le vocabulaire de l'« enfance ». Celle-ci s'achèverait à la fin du livre I, car en sachant désormais parler, l'*infans* est devenu *puer* (mot latin à l'origine du terme français « puéril »). Contrairement aux connotations actuelles du mot, chez Rousseau il n'y a rien de négatif à parler de la « raison puérile ». Elle est même le but, l'effet d'une éducation réussie avec cet enfant en train de progresser dans le langage. Mais le langage n'est pas le seul paramètre qu'il faut désormais prendre en compte.

La force et les aptitudes physiques

Avec le langage, la mobilité et l'usage volontaires de son corps distinguent l'enfant du nourrisson. Cet usage va le pousser à prendre conscience de ses forces et de lui-même. Le thème du développement des forces physiques de l'enfant est essentiel dans les livres I et II. Il ne s'agit pas pour Rousseau d'un équilibre à trouver entre éducation physique et intellectuelle. C'est par l'usage libre et intense du corps que les qualités intellectuelles se forgent. Il n'est pas question de développer d'un côté le corps et de l'autre l'esprit : c'est par l'activité du corps que l'enfant développera son esprit et garantira sa liberté.

De nouveaux dangers

On aurait pu croire que le développement du langage serait l'occasion d'initier aussitôt l'enfant aux humanités et à la culture. Après tout, il n'est jamais trop tôt pour apprendre à lire, écrire, parler des langues étrangères, et on dit aujourd'hui que l'enfance est le moment où on les apprend le plus facilement. Certains parents, soucieux de la réussite scolaire et sociale de leur progéniture, s'imposent de parler une langue étrangère avec leur enfant.

Pourtant, avec des mots surprenants de la part d'un écrivain et grand lecteur, Rousseau combat cet apprentissage précoce. Il refuse même la présence de livres dans la chambre de l'enfant avant ses 12 ans (seul *Robinson Crusoé* est toléré). Rousseau craint que, sous le prétexte de familiariser l'enfant avec la culture, on lui donne en fait l'habitude de déguiser la superficialité en profondeur et l'illusion de savoir en savoir authentique. Car que signifie « apprendre » à cet âge-là ? Souvent, il s'agit d'être capable de réciter par cœur : dates, alphabet, déclinaisons latines ou prières. Rousseau ne croit pas que ce qui est ainsi appris soit vraiment compris. C'est, au mieux, mémorisé, et encore, la vraie mémoire suppose selon lui la compréhension. Le principal danger dénoncé dans le livre II est donc celui d'un faux savoir et d'un mauvais apprentissage. Le gouverneur ne doit enseigner un art ou une science que lorsque l'enfant en sent l'utilité.

Forces de l'enfant et faiblesse des parents

Pourquoi les éducateurs tombent-ils dans des pratiques néfastes ? Le fond du problème est social. Le danger pour l'enfant, c'est la faiblesse de ses parents. Ce qui justifie les cours précoces de latin ou de mathématiques, c'est l'orgueil des parents, pressés de montrer l'enfant en société pour briller à travers lui. Les mauvais éducateurs utilisent l'enfant comme faire-valoir, au lieu de l'accompagner dans ce qu'il a de meilleur. Il faut rapprocher ces critiques de celle du théâtre : on forme les enfants à singer leurs parents, à imiter les adultes. Comme le comédien qui ne ressent et ne comprend pas forcément ce qu'il joue, l'enfant ne progresse pas dans son savoir, mais dans son jeu d'acteur. Il est formé à la comédie sociale et non au savoir véritable. Les parents commettent donc une double erreur : d'une part ils voudraient que l'enfant fasse ce que seul un adulte peut faire, d'autre part ils ne font pas de l'autonomie de l'enfant le but de son éducation.

Cultiver les sens de l'enfant pour cultiver sa raison

La raison puérile, une raison sensitive

Pour cultiver le « génie particulier de l'enfant », qui n'est pas celui de l'adulte, il faut encourager l'usage enrichissant de ses forces physiques et mentales. N'ayant « nulles véritables idées », pas de réelle mémoire parce qu'il est dépourvu de véritable raisonnement, l'enfant doit d'abord agir à travers ses sens, comme Rousseau le disait au livre I. C'est leur utilisation qui lui donnera, au fur et à mesure, accès à de véritables idées. La principale mission de l'éducateur est donc de mettre l'enfant dans des situations où il doit solliciter ses sens, pour ensuite croiser les informations obtenues par différents sens. Cette pratique d'une « sorte de physique expérimentale relative à sa propre conservation » fortifie son jugement.

Ainsi, les estimations de distance se font d'abord par la vue. On invite alors Émile à faire à pied le trajet qu'il vient d'évaluer. De plus, il faut entraîner ceux des sens d'habitude peu mis à contribution : Rousseau s'inspire des capacités d'orientation spatiale des aveugles. Il est possible de cultiver l'ouïe tout en luttant contre la peur du noir si l'on propose régulièrement des exercices nocturnes aux enfants. Pour éduquer leur toucher, on les habitue à marcher pieds nus... Par l'expérience, il fait le trajet qui mène « du pays des sensations aux confins de la raison puérile », comme le dit la fin du texte ; raison puérile qui est donc une « raison sensitive ».

La « liberté bien réglée » comme instrument

Cette raison puérile, il ne faut surtout pas en imposer l'apprentissage. Rousseau n'énonce pas vraiment d'interdit sur les arts ou les sciences, mais sur la façon dont on les approche. En réalité, Émile apprend la géométrie, mais pour résoudre des situations problématiques ou parce qu'un jeu rend cela nécessaire. Le besoin personnel est à la fois la motivation et le fondement de la légitimité d'un apprentissage précis. Lecture et écriture ne sont pas interdites : lassé de ne pas pouvoir lire lui-même les messages simples qui le concernent, Émile demandera un jour à apprendre à lire et écrire.

Laisser sa liberté à l'enfant ce n'est donc pas le laisser faire ce qu'il veut : d'une part Rousseau estime que l'enfant éduqué correctement n'aura pas de caprice, d'autre part il faut que l'éducateur propose à son élève un environnement dans lequel ses besoins naturels pourront s'exprimer. Important dans l'apprentissage, le jeu combine tout ce qui convient à l'enfant. Le jeu est lui-même une expérience de « liberté bien réglée », laquelle est l'instrument premier de l'éducation selon Rousseau. Ainsi a-t-il triomphé d'un jeune noble qui refusait d'apprendre à courir en organisant devant lui des courses entre enfants, dont le prix était un gâteau. Jamais le gouverneur ne lui a suggéré de participer, attendant que l'enfant se propose, puis s'entraîne pour remporter le prix, ce qu'il finit par faire. Concevoir des jeux adaptés à l'enfant, cultiver sa « liberté bien réglée », voilà le travail exigeant de l'adulte.

Le bonheur est une fin en soi légitime pour l'enfant

Le bonheur de l'enfant comme but légitime

Est-il raisonnable, comme le croient souvent les parents, d'insuffler un esprit de sérieux aux enfants, de leur expliquer que la vie n'est pas faite pour qu'on se fasse plaisir alors même qu'ils ressentent le plaisir naturel d'exister ? Deux éléments peuvent justifier la position de Rousseau, en porte-à-faux avec le rigorisme moral et pédagogique de son temps. La première est sa vision de la religion. Pour lui, même si le bonheur absolu n'est pas possible sur terre, l'éducation doit mener l'enfant à « sentir la vie » (livre I), au sens de jouir de son existence. Deuxièmement, Rousseau affirme que la moitié des enfants n'atteignent pas l'adolescence et ne dépassent donc pas le stade décrit au livre II. Si la vie d'un enfant se résume à une dizaine d'années, pourquoi lui imposer des sacrifices pour une vie d'adulte qu'il ne connaîtra pas ? Le plaisir d'exister, plaisir naturel, est pour lui un but tout à fait légitime, et l'éducation est réussie si l'enfant a joui de son enfance.

Un bonheur aux accents antiques

Rousseau contredit ceux qui verraient en lui le défenseur d'un enfant jouisseur et licencieux. Faire du bonheur le but légitime de l'existence enfantine, ce n'est pas lui épargner la souffrance. La raison en est double. Premièrement, la souffrance fait partie des éléments qui font progresser l'enfant ; celui-ci s'éduque grâce aux choses, grâce à l'action. L'échec et la douleur sont les signaux que la nature envoie pour lui dire qu'il faut corriger son geste ou abandonner. Deuxièmement, la souffrance fait en réalité partie du bonheur terrestre, car il est nécessairement imparfait. Retrouvant les leçons stoïciennes, Rousseau insiste sur l'importance de pouvoir se dire heureux malgré les souffrances inévitables. Dès lors, être capable de les endurer est crucial et Rousseau affirme que « souffrir est la première chose qu'il doit apprendre, et celle qu'il a le plus grand besoin de savoir ». Mais il faut aussi s'épargner les souffrances évitables. Il critique ainsi la « prévoyance », qui est la tendance à s'inquiéter pour des maux imaginaires ou incertains. À quoi bon s'inquiéter, puisque l'avenir n'est jamais sûr ?

Le bonheur, dépendant des rapports entre force et désir

Mais qu'est-ce que le bonheur ? Le bonheur vient de l'équilibre entre ce que l'on veut et ce que l'on peut. On voit alors en quoi la liberté, l'absence d'interdiction ou d'obligation est fondamentale pour le bonheur enfantin. Certes, il y a des choses que l'enfant veut mais qui lui feraient du mal. Cependant, les interdire créerait aussi du malheur. Il faut alors, soit en cacher l'existence à l'enfant (ainsi des dangers mortels, des goûts liés aux perversions de la vie en société, comme la mode), soit prévenir l'enfant du mal qui l'attend. S'il tente l'expérience, la souffrance fera la leçon mieux qu'un discours et sa volonté se réglera sur ses moyens.

Mais la beauté de ce système, pour Rousseau, est aussi que le bonheur sera d'autant plus grand que les efforts de l'enfant lui donneront plus de forces, et plus de moyens. Il peut se mettre en place un cercle vertueux : l'enfant bien accompagné, qui se félicite de ce qu'il réussit à faire, veut alors aller plus loin, s'efforce ainsi de progresser pour profiter de ses progrès, et ainsi de suite.

L'enfance de la moralité et de la citoyenneté

Le bonheur est légitime, mais il n'est pas le tout de l'éducation de la raison qui, sans en avoir l'air, est aussi une préparation morale et politique.

L'enfant incapable d'idées morales

La psychologie de Rousseau veut que l'enfant n'ait en réalité pas vraiment d'idée, donc à plus forte raison pas d'idée morale. Les concepts d'obligation et d'interdit doivent lui rester étrangers. On parle souvent de bien et de mal à l'enfant, mais pour Rousseau, derrière ces mots, l'enfant mettra toujours autre chose, par exemple la crainte de déplaire. Or, avec ses moyens de raisonnement limités, l'enfant peut en venir à juger que la morale consiste à ne pas déplaire à l'autorité. Ainsi s'explique la fausse morale des sociétés actuelles. Les leçons de morale explicites – même celles des fables de la Fontaine, moquées par Rousseau – enseignent surtout le mensonge et la dissimulation à l'enfant. Plutôt que de « faire la morale » aux enfants, il faut donc chercher ce dont ils sont capables en la matière et se fonder sur ce qu'ils ressentent.

L'enfance de la morale

Cette morale se résume à s'abstenir de faire du mal à autrui. Ce principe est accessible à l'enfant, grâce à la douleur qu'il ressent quand on s'en prend à lui, lorsqu'il est victime d'une injustice. Il ne faut donc « infliger aucune espèce de châtiment » : l'enfant doit subir les conséquences de ses actes, mais comme il ne comprend pas et qu'on ne lui enseigne pas l'idée de faute, il n'est littéralement pas en faute. Au contraire, éprouver dans sa chair que la souffrance est mauvaise et étendre ce raisonnement à autrui en général suffit comme début de morale. L'épisode du jardin d'Émile est célèbre à ce titre : pour faire sentir à Émile la notion de propriété, et le fait qu'il est mal de ne pas respecter celle d'autrui, le gouverneur fait planter à Émile un potager dont il est fier. Puis il le fait détruire par le jardinier, qui vient alors expliquer que la terre utilisée était à lui, premier occupant. Voilà une leçon que l'enfant retiendra au sujet d'une notion essentielle et qui ne passe par aucune théorie préalable.

De plus, Rousseau pense que des vertus positives, comme la générosité, sont liées à une assurance suffisante ; l'exemple de la course pour le gâteau le dit. Ce n'est qu'une fois assez fort à la course, et moins inquiet de sa réussite, que l'enfant a l'idée d'offrir son gâteau. Cet exemple est à opposer à une fausse vertu, une « vertu de singe » dit Rousseau, qui vient si on habitue l'enfant à faire l'aumône. En effet, l'enfant qui donne de l'argent à un mendiant donne en réalité quelque chose qui ne lui tient pas à cœur, puisqu'il n'en saisit pas la valeur, ni le sens. Mieux vaut le mettre en état de se sentir assez puissant pour pouvoir offrir ce qui est précieux à ses yeux : des gâteaux.

Les répercussions politiques de l'enfance naturelle

Fondés sur la liberté et l'absence des idées d'autorité ou d'obéissance, les progrès de l'enfant ont des répercussions politiques. Émile a acquis des réflexes qui rappellent la réflexion engagée dans le *Contrat social*. Comme l'enfant ne conçoit pas qu'on donne des ordres, il ne voudra obéir à personne, ni commander. L'autorité d'un roi lui semblera ridicule. La seule chose qu'il pourrait accepter est donc d'obéir à un pouvoir qui serait en réalité le sien. Tel est bien le sens de cette association « par laquelle chacun s'unissant à tous n'obéi[t] pourtant qu'à lui-même et reste aussi libre qu'auparavant » (*Du contrat social*, I, 6). Un enfant qui n'a pas l'idée de commander ou d'obéir est le plus à même de travailler avec ses semblables pour faire émerger cette volonté générale au cœur du système politique de Rousseau et de conserver sa liberté.

La relation des adultes aux enfants

Un plaisir partagé

Sans que cela fasse l'objet d'un raisonnement explicite, on comprend que l'adulte qui se voue à développer la liberté et la raison de l'enfant ne se livre pas qu'à un travail presque impossible : c'est aussi une activité elle-même ludique, réjouissante, quand bien même elle suppose des efforts et des échecs. Derrière le texte, on décèle clairement un fait étrange : lorsqu'il écrit, ce père qui a abandonné ses enfants raconte un mode de vie dans lequel l'adulte se prend au jeu qu'il propose à ses enfants. Le bonheur des enfants est probablement aussi celui des adultes.

Le spectacle émouvant de l'enfance

Ce livre se finit presque sur une évocation lyrique de l'enfance, de sa beauté, de l'émotion qu'elle suscite chez l'adulte. L'enfance est comparée au printemps de la vie : en elle, on trouve plus de beauté, car à la beauté actuelle des forces et des talents de l'enfant, s'ajoutent l'imagination, l'anticipation des beautés futures. Le spectacle d'un être en progrès nous donne à aimer le présent, mais aussi l'avenir d'un être libre et plein de promesses.

Andersen, l'homme des contes

1 L'enfance

Naissance et famille

Le 2 avril 1805, dans un foyer très pauvre de la ville d'Odense, l'une des plus peuplées du Danemark, en Fionie, dans le sud du pays, naît Hans Christian Andersen. Fils d'un humble cordonnier, libre-penseur et dilettante, et d'une mère lavandière, pieuse jusqu'à la superstition, Andersen est le dernier-né d'une famille dont le grand-père est fou, la grand-mère affabulatrice et la tante maquerelle. Sa naissance le voue donc à une condition misérable, celle d'un marginal des bas-fonds.

En 1810, le roi du Danemark s'étant allié à Napoléon, des troupes sont envoyées pour grossir la Grande Armée. Andersen a alors cinq ans ; son père part au front, autant par patriotisme que pour prendre la place d'un notable, comme c'était alors l'usage. À cette époque, le petit Hans Christian fréquente une école juive afin d'échapper à la discipline de fer des écoles ordinaires, avant de rejoindre une école pour pauvres, sa famille n'ayant plus les moyens de payer. Six ans plus tard, le père d'Andersen, revenu des guerres napoléoniennes, meurt et laisse une famille déjà pauvre dans un dénuement total.

Une jeunesse de bohème subie

À quatorze ans, en 1819, hanté par l'avenir auquel sa naissance le condamne, Andersen décide de partir pour Copenhague, la capitale, afin d'échapper à son sort. Il compte y devenir comédien, danseur, chanteur, dramaturge, n'importe, du moment qu'il peut librement exercer les dons de son esprit. Si tous les gens d'importance qu'il rencontre, ou qu'il sollicite, semblent touchés par sa personne, au point de lui apporter leur aide ou leur entregent, ils ne le sont jamais, au bout du compte, par ses talents. Rien ne lui réussit. Seul l'un des directeurs du Théâtre Royal, où Andersen n'eut que des rôles sans importance, prend une décision capitale pour son avenir : Jonas Collin veut cultiver les prédispositions de l'adolescent gracile qu'est Andersen, en lui assurant l'instruction dont il avait manqué jusqu'ici. Avec des années de retard, Andersen commence ses études.

Un maître honni, une scolarisation difficile

Sous la férule d'un maître qu'il vouera toute sa vie aux gémonies, Meisling, encore que rien n'assure qu'il fut si terrible qu'Andersen le crut, le jeune homme rattrape avec difficulté son retard scolaire parmi des camarades bien plus jeunes que lui : ils ont onze ou douze ans, il en a dix-sept. L'autorité d'un maître d'école, qu'il n'avait jamais connue jusqu'alors, son décalage vis-à-vis des autres élèves, l'asphyxient si bien que, de guerre lasse, Jonas Collin finit par le reprendre chez lui, pour s'en occuper comme d'un fils parmi les siens. Après bien des efforts, Andersen est reçu, tardivement, à vingt-trois ans, au baccalauréat. Désormais muni d'un titre, et surtout d'une culture qui lui manquait, il peut se consacrer aux belles-lettres, qui sont devenues sont unique passion. Il se rêve *digter*, ce barde et poète des terres danoises, régénérant dans le romantisme la tradition nationale qui s'extirpe du carcan français.

2 Les débuts prometteurs

Les premières œuvres

En 1829, Andersen publie ses deux premières œuvres, coup sur coup. D'une part, le récit de son *Voyage à pied du canal de Holmen à la pointe est d'Amager*, dont l'invention parfois drôle et la touche pittoresque est dans l'air du temps, à la manière des contes d'Hoffmann, qui dominent encore les esprits ; d'autre part, une pièce de théâtre, un *Amour sur la tour Nicolas*, pièce convenable sans être notable, comme il en ira toujours dans la carrière de dramaturge d'Andersen. En effet, le théâtre reste la voie favorisée de bien des auteurs en mal de reconnaissance rapide. Andersen s'évertuera ainsi dans un genre qui lui réussira pourtant peu. Alors que le romantisme européen en général, nordique en particulier, bat son plein, Andersen publie son premier recueil de poèmes, en 1830, au moment même où son premier amour, et sans doute le plus grand, se solde par un échec, ce qui le plonge dans la mélancolie. C'est à cette époque qu'il publie un premier conte : « Le fantôme ».

Les premiers voyages

L'année suivante, Andersen amorce enfin l'une des grandes affaires de sa vie : le voyage à l'étranger. Il en fera pratiquement un par an, totalisant près de neuf ans hors de son pays. Partant à travers les pays allemands, cœur battant du romantisme, il y rencontre, comme il le fera toute sa vie lors de chacun de ses voyages, les grandes figures de son temps, dans ce cas Tieck et Chamisso. Le premier précède Hoffmann dans la voie des contes, forme revigorée par les frères Grimm, et le second fournira plus tard à Andersen des sujets pour ses contes.

Les deux années suivantes, ayant obtenu une bourse en raison de ses talents littéraires, Andersen entreprend un grand voyage à l'étranger : il sillonne l'Europe allemande, passe par la Suisse et la France, et découvre l'Italie qui l'émerveille. Son voyage en Italie l'a tellement marqué qu'il en tire en 1835 son premier roman, *L'Improvisateur*, dont l'estime de la critique est à la hauteur du succès immédiat et populaire que remportent ses deux premiers recueils de *Contes racontés pour les enfants.*

Un nom s'est forgé

Un deuxième roman, *O. T.*, moins brillant que le premier, n'en maintient pas moins l'année suivante le petit nom qu'Andersen a su se faire dans le milieu fermé, presque borné, parfois sournois des critiques danois, auxquels il ne cessera de vouloir complaire, toujours excessivement sensible à leurs remarques et leurs reproches. Voyageant en Suède en 1837, il y fréquente les milieux littéraires, tandis qu'en France, Xavier Marmier assure sa renommée dans toute l'Europe en publiant dans *La Revue de Paris* une vie et œuvre d'Andersen, aussitôt propulsé sur le devant de la scène littéraire de l'époque, au moment où son troisième roman, *Rien qu'un violoneux*, donne forme à l'un des traits les plus saillants de tout ce qu'écrira par la suite Andersen : au fond, il est le sujet transfiguré de tous ses livres, et ce qu'il raconte, c'est en un sens toujours sa vie. La même année paraissent de nouveaux recueils de contes.

3 La renommée

Une pension royale

Enfin célèbre, Andersen obtient du roi du Danemark, à trente-trois ans, une pension annuelle conséquente. C'est, à ses propres yeux, l'événement capital de sa vie. Enfin, l'enfant des bas-fonds d'Odense vit de sa plume sans avoir à craindre pour le lendemain. Hélas pour lui, s'il est désormais à l'abri du sort, cette crainte enfantine ne le quittera jamais tout à fait. C'est ainsi qu'il fait publier de nouveaux contes, qui lui assurent de bons revenus, et dont il prend peu à peu conscience qu'ils sont autre chose que le divertissement pour lequel il les tenait jusqu'alors.

Les échecs sentimentaux

Fort de son succès, vivant désormais dans l'aisance sans être tout à fait riche, Andersen continue ses voyages, et pousse même jusqu'en Orient, dans l'actuelle Turquie. Ne cessant jamais de publier des poèmes, des pièces de théâtre et d'autres écrits que la postérité n'a guère retenus, il rencontre le deuxième grand amour de sa vie, après avoir, les années précédentes, essuyé plusieurs refus dans des amours passagères dont on peut dire qu'il chérissait davantage l'amour que lui inspirait les femmes, que les femmes elles-mêmes. Sa nouvelle muse s'appelle Jenny Lind, cantatrice suédoise qu'il changera en rossignol dans ses contes. Il l'aimera sincèrement, sans pour autant jamais conclure de relation sérieuse avec elle.

Le conteur célèbre dans toute l'Europe

De son voyage en Orient, en 1842, Andersen tire, comme à son habitude, un récit de voyage haut en couleur, *Le Bazar du poète*. De nouveau sur les routes l'année qui suit, Andersen est reçu à Paris par les plus grands écrivains du temps : Lamartine, Vigny, Heine ; Hugo le prend en amitié et Dumas le surnomme « le bon Danois ». De nouveaux recueils de contes paraissent sous son nom, mais, pour éviter l'équivoque malheureuse dont il souffrait, il en retire la mention « pour les enfants », estimant qu'il s'adressait à tous, écrivain universel et *digter* de génie. Ses contes ne sont pas ceux de Perrault ou des frères Grimm, géniaux dans la reprise des récits traditionnels : Andersen invente des histoires, certes parfois empruntées au vieux fond scandinave.

Célébré dans toute l'Europe, Andersen est à présent invité dans les cours princières. Voyageant au Royaume-Uni, on lui réserve en 1847 un triomphe jusqu'en Écosse, où il doit, à son grand regret, décliner l'invitation faite par la reine Victoria. Pour la première édition de ses œuvres complètes en allemand, son éditeur obtient d'Andersen un nouveau récit autobiographique, *Le Conte de ma vie sans poésie*, avant de publier, en 1848, son nouveau roman, sans doute son meilleur, *Les Deux Baronnes* ; il voit ses contes traduits pour la première fois en français tandis qu'il publie en danois un nouveau recueil. De nouveau de passage en Suède, les étudiants lui font un triomphe. Il a quarante-quatre ans, et sa gloire ne semble pas devoir décliner. Déjà, il l'écrit à l'un de ses amis, il pressent, comme on le lui a dit, que ses contes lui assureront l'immortalité.

Un conteur infatigable

Quoique malmené par la critique danoise, qui trouve son style trop oral et enfantin, paraissent enfin et pour la première fois les œuvres complètes d'Andersen dans son propre pays, en 1853, soit bien des années après leur parution en langue allemande. Il publie peu après un nouveau recueil de ce qu'il n'appelle plus « contes » mais « histoires ». Deux ans plus tard, âgé de cinquante ans, Andersen fait publier ce *Conte de ma vie sans poésie* qu'il avait écrit pour le public allemand. De retour en Angleterre, Andersen est reçu par Dickens un mois durant en 1857. Passionné depuis l'enfance par Shakespeare, imprégné de l'atmosphère britannique, Andersen écrit un nouveau roman, *Être ou ne pas être*. Pendant trois ans, de 1858 à 1861, année de la mort de son père de substitution Jonas Collin, il publiera chaque année un recueil de ses *Nouveaux contes et histoires*. Andersen n'en délaisse pas pour autant ses voyages annuels, allant jusqu'en Espagne, d'où il tire un récit, *En Espagne*. Ses dernières années sont donc celles d'une grande production. Cependant, l'âge, la fatigue et la vieillesse finissent par ralentir le rythme effréné de travail qu'il avait soutenu jusqu'ici.

4 Les dernières années de gloire

Après une année sèche, alors que son pays était envahi par la Prusse, Andersen publie en 1865 et en 1866 deux recueils de *Contes et histoires*. Pour sa plus grande joie – son *Journal* atteste que c'est l'un de ses souvenirs les plus chers – il est fait citoyen d'honneur d'Odense, sa ville natale, en 1867, lors d'une cérémonie grandiose où défilent tous ses concitoyens, des plus grands bourgeois de la ville, des nobles les plus distingués, jusqu'au plus menu peuple dont il est issu. Les deux années suivantes le voient encore sur les routes de l'Europe, dont il continue de tirer des récits de voyage qu'il fait publier, avant d'écrire *Trois nouveaux contes et histoires*, en 1869.

À présent vieillard, Andersen, ayant toujours craint pour sa santé qu'il avait pourtant bonne, faiblit. S'il voyage encore, ses forces déclinent progressivement, sans pour autant l'empêcher d'écrire : il publie son dernier roman en 1870, *Pierre-le-Chanceux* et de *Nouveaux contes et histoires* en 1871 et 1872. L'année suivante, son voyage annuel le surprend malade, gravement, pour la première fois de sa vie. Sa convalescence est longue, si bien que le roi du Danemark lui-même vient à son chevet s'enquérir de son état. En 1874, Andersen achève son œuvre de conteur en publiant un dernier recueil. Il ne voyagera plus. En guise d'hommage, l'une des plus hautes distinctions de son pays lui est décernée. Rongé par un cancer, Andersen meurt en été, le 4 août 1875, à soixante-dix ans, chez des amis qui le logeaient.

Thèmes et structure des contes d'Andersen

1 Les thèmes majeurs

Noblesse de cour et noblesse de cœur

Si Andersen ne remet jamais en cause l'ordre établi (lui-même courut toujours après les honneurs, se tint loin de la politique et se flatta de fréquenter les grands de ce monde) comme « Le jardinier et ses maîtres » l'illustre bien, ses contes n'en défendent pas moins une certaine idée de la noblesse qui ne se trouve pas toujours dans les grandeurs établies.

Certes, la noblesse est souvent exaltée pour ce qu'elle doit être, sinon pour ce qu'elle est toujours, mais « La princesse sur le pois » est là pour rappeler d'emblée ce qu'est « une *vraie* princesse ». Même bafouée, la noblesse est reconnue par ses mérites qui finissent toujours par éclater, comme à la fin des « Cygnes sauvages », où sa noblesse sauve l'héroïne, dans « La petite sirène » ou « Le vent raconte l'histoire de Valdemar Daae » dont la seule rescapée est celle qui s'était souciée du sort des oiseaux. Ainsi, il y a toujours la reconnaissance de ce qui est pur et qu'incarnent les personnages innocents, naïfs et dotés d'une vraie noblesse.

Un conte comme « Chaque chose à sa place » mérite qu'on s'y attarde, car si le fils du pasteur y déclare « Il est de bon ton à notre époque, et on retrouve cela chez beaucoup de poètes, bien entendu, de prétendre que tout ce qui est noble est mauvais et stupide, tandis que chez le pauvre, plus on va vers le bas, plus c'est brillant. Mais ce n'est pas mon avis, car c'est tout à fait inexact, tout à fait faux », c'est bien lui qui finit par balayer d'un son de flûte l'indignité de tous ceux qui dérogent à leur rang.

Ceci explique qu'on trouve chez Andersen une conception de la noblesse de cœur qui place les plus humbles au rang des grands de ce monde : la petite Gerda surpasse l'inquiétante reine des neiges dans le conte éponyme ; les courtisans de l'empereur ne valent pas l'enfant innocent qui révèle la supercherie des tailleurs (« Les nouveaux habits de l'empereur »), pas plus qu'ils ne valent la servante qui réussit à trouver le rossignol qu'ils ont cherché en vain (« Le rossignol ») ; la mère ivrogne l'emporte sur le maire grossier (« Elle n'était bonne à rien ! »).

L'enfance, entre innocence et candeur

Ainsi, la valeur des personnages ne tient pas toujours à leur rang. Ce qui compte, c'est de se retrouver parmi les siens. Quittant le monde de la noblesse, la famille est le milieu par excellence au sein duquel l'innocence de l'enfance doit être protégée : la mère échoue à prévenir la tragédie que vivra son fils (« Elle n'était bonne à rien ! », « Ce que racontait la vieille Johanne »), l'enfant est recueilli puis élevé par des parents adoptifs (« Une histoire des dunes »).

Si l'innocence est protégée, les vertus de l'enfance peuvent également être cultivées : la « Tante Mal-aux-dents » pousse son petit-neveu sur les sentiers de la poésie, le chambellan soutient la petite Lotte-Lene malgré ses déboires (« La clef de la porte d'entrée ») ou « L'invalide » que les parents couvent de leur affection, et la noble dame de ses cadeaux.

Cependant, ces vertus ne sont pas toujours reconnues, et desservent parfois les enfants, victimes d'adultes maladroits (« Le crapaud » dont la mère un peu sotte veut empêcher son fils de partir) ou malintentionnés (« Les cygnes sauvages » où les douze enfants sont persécutés par leur marâtre).

Heureusement, la candeur des enfants les protège, soit qu'elle attire sur eux une aide providentielle (la légion d'anges qui entoure Gerda dans « La reine des neiges », les animaux au service d'Élisa au fond de son cachot dans « Les cygnes sauvages », les oiseaux dans « Le vent raconte l'histoire de Valdemar Daae et de ses filles »), soit qu'elle leur accorde le salut (« La petite sirène », « La petite fille aux allumettes »).

Objets animés, nature humanisée

Si la noblesse et la candeur sont les vertus de l'enfance, l'imagination en est la marque. Ainsi, le monde dans lequel évoluent les personnages des contes, celui des enfants – s'ils n'en sont pas toujours les héros, au moins en sont-ils les destinataires – porte-t-il le sceau de l'imaginaire enfantin qui prête à tout ce qui l'entoure les traits de l'humanité que les enfants portent en eux. Les contes fourmillent de ces anthropomorphismes propres à l'enfance, que cela relève de l'animisme le plus sérieux ou qu'il ne s'agisse que du simple plaisir de la fable.

D'une part, les objets ont une vie, souvent cachée aux yeux des adultes (la poupée dans « Les fleurs de la petite Ida », les jouets dans « Le vaillant soldat de plomb », les bibelots et les meubles dans « La bergère et le ramoneur », le mobilier dans « Le lutin chez le charcutier ») ; d'autre part, ils sont parfois les héros de leur propre conte (« Le faux-col », « Le moulin à vent », « Les bougies »), quand on ne leur prête tout simplement pas une âme qu'ils n'ont pas (« Le grand serpent de mer » et « La clef de la porte d'entrée »).

Il en va de même pour la nature, qui intervient presque toujours dans les contes, non seulement comme le feraient des hommes (les chiens dans « Le briquet », les animaux croisés par « Le vaillant soldat de plomb », tout comme le vieux chien dans « Le bonhomme de neige »), mais souvent soucieuse d'eux (« Le rossignol »), en particulier du sort des enfants (le renfort des animaux dans « Les cygnes sauvages », ou dans « La reine des neiges »), quand, là encore, des animaux ou des plantes ne sont pas eux-mêmes les personnages principaux du conte (« Les fleurs de la petite Ida », « Le sapin », « Le crapaud », « Le grand serpent de mer »).

Même lorsque la nature est à sa place, elle reste déterminante dans le récit, guidée par une providence surnaturelle qui lui donne un rôle dans la destinée des hommes (les sentiers forestiers qui se rejoignent miraculeusement dans « La cloche » ; les oiseaux dans « Une image vue depuis le rempart de la citadelle » ou « Le vent raconte l'histoire de Valdemar Daae » ; le chien dans « Une peine de cœur »).

Grandir et mûrir

C'est que le destin naturel des enfants est de grandir, c'est-à-dire devenir adulte, en vieillissant comme dans « La reine des neiges » ou « Le vilain petit canard », ou en fondant une nouvelle famille par le mariage, comme dans « Les cygnes sauvages » ou « La clef de la porte d'entrée ».

Mais grandir, c'est aussi mûrir, au terme d'un parcours initiatique qui voit le protagoniste s'accomplir au cours de sa quête, grandi par les épreuves : les aventures du « Vaillant soldat de plomb » l'unissent à la petite danseuse ; la bergère échappe au mariage forcé pour finir avec le ramoneur après avoir couru le monde ; les communiants trouvent la cloche après avoir erré dans la forêt ; l'invalide se remet de sa maladie après des années d'alitement ; l'étudiant est, le conte en est la preuve, devenu poète dans « Tante Mal-aux-dents ». Ainsi, l'évolution physique, les changements physiologiques, sont d'abord les signes extérieurs d'une élévation de l'âme (incarnée dans les montées aux cieux de « La petite sirène » ou du « Crapaud »).

Même lorsque l'accomplissement de la destinée paraît paradoxal, dans la mesure où ce qui était recherché n'a pas été obtenu, le dépassement de soi mène, sinon au succès, du moins au salut, à ce qu'il fallait trouver sans qu'on le sache, par des voies qu'on ignorait : ainsi de « La petite sirène » qui trouve l'immortalité par le sacrifice et non le mariage, du lutin qui découvre la poésie dans un tonneau et non dans un livre, du moulin qui survit paradoxalement à son propre incendie, du crapaud dont la mort révèle la perle qu'il portait en lui, de la bougie malgré tout heureuse d'avoir éclairé le repas des pauvres, de Jørgen qui s'unit enfin à son amour par-delà la mort de sa bien-aimée et sa propre folie, dans « Une histoire des dunes ».

Destinés ou non aux enfants, les contes offrent un récit qui consacre la maturation, l'accomplissement de soi, et non le vieillissement : les enfants de « La reine des neiges » conservent l'esprit d'enfance une fois adultes, tandis que Rasmus le Pouilleux pèche justement pour avoir trahi l'enfant enjoué qu'il avait été dans « Ce que racontait la vieille Johanne ».

Conter en riant, apprendre en s'amusant

Si les contes, par leur structure, proposent des modèles édifiants, le ton du narrateur n'est jamais pontifiant. Au contraire, Andersen entretient un style naturel, leste et enjoué qui ôte tout ce qui alourdirait son récit. De cette manière, ses contes ne sont jamais moralisateurs, offrant un récit dont le lecteur est le seul juge, le conte est laissé en suspens de manière abrupte (« Les nouveaux habits de l'empereur », « L'ombre », « La goutte d'eau », « Le bonhomme de neige », « Tante Mal-aux-dents »). Il s'agit d'échapper au didactisme propre au genre du conte, de ne pas écraser le récit par sa morale, le réduisant alors à la simple illustration d'une leçon dont les personnages incarnent les idées. Le refus d'un propos trop professoral montre la manière particulière dont s'articule l'art du conteur et la pédagogie qu'il met en œuvre.

Ainsi s'explique que le conte s'achève souvent sur une pirouette (« La princesse sur le pois », « Le sapin », « Une peine de cœur », « Chaque chose à sa place », « Le moulin à vent », « Les bougies ») ou un appel (« Le faux col », « Un caractère gai », « Le crapaud », « Le jardinier et ses maîtres »), mais jamais sur un jugement tranché. Les autres contes sont plus traditionnels, et se terminent sur une fin heureuse qui clôt le récit tout en l'ouvrant vers un avenir heureux (« Le vilain petit canard », « La reine des neiges », « La cloche »), souvent par un mariage (« Le briquet », « Les cygnes sauvages », « La bergère et le ramoneur »).

De même, au cours du récit, l'attention du lecteur est sans cesse retenue par des interventions orales du narrateur, dont il serait fastidieux de dresser la liste. Interjections, onomatopées, paradoxes, traits d'esprit, jeux de mots – Andersen emploie à l'écrit toutes les ressources orales du conteur. Il sollicite sans cesse son lecteur, recourant à la connivence ou à l'humour pour relancer son récit d'un ton badin. C'est peut-être là que s'éprouve le plus l'art consommé mais renouvelé du *digter* (figure nordique du barde) auquel Andersen aspire. Il se crée un lien entre le conteur et l'enfant qui l'écoute, ainsi interpellé dans son statut même d'auditeur, malin et complice de l'histoire qu'on lui raconte.

De même qu'il transpose à l'écrit les procédés oraux du conte, de même il sait puiser dans toutes ses lectures de quoi piquer l'esprit de son lecteur, qui reconnaît ici un vieux thème scandinave (« Le grand serpent de mer »), là une ballade nationale (« Une histoire des dunes »), un sujet emprunté à un autre écrivain (« L'ombre ») ou une histoire vraie transfigurée (« Le vent raconte l'histoire de Valdemar Daae et de ses filles »).

2 Précis de narratologie

Auctor et lector in fabula

Dans *Lector in fabula*, Umberto Eco explique que c'est la manière dont le narrateur raconte le récit qui détermine ce que le lecteur peut comprendre du texte. Autrement dit : la compréhension dépend de la situation d'énonciation de ce qui est narré. Le style oral et naturel des contes d'Andersen, que ce dernier lisait à son entourage pour éprouver leur valeur, place d'emblée le lecteur dans une collaboration avec le narrateur qui l'interpelle, compte sur lui pour comprendre ses allusions, poursuivre les raisonnements qu'il laisse en suspens, rire à ses bons mots et ses traits d'esprit.

En un mot, l'histoire que suit le lecteur est le fruit du travail que se partagent le narrateur et le lecteur : le texte, selon Eco, est une « machine paresseuse » construite par le narrateur, que doit faire tourner le lecteur en comblant les vides, les manques, les sous-entendus laissés par le narrateur. Ce que dit le narrateur ne prend sens que si le lecteur veut bien y mettre du sien. D'où l'importance, dans les contes d'Andersen, des interjections, des onomatopées, des adresses plus ou moins implicites au lecteur, qui le replacent dans la situation de l'auditeur qui participe à la veillée durant laquelle le conteur œuvre.

C'est ainsi que le ton souvent primesautier du narrateur des contes prend tout son sens : Andersen simule un naturel qui dissimule l'effort qu'il exige de la part de son lecteur, sans cesse pris à partie pour donner corps à ce qui n'est souvent qu'esquissé dans le récit. Souvent, le décor n'est donné que par l'évocation de quelques plantes, d'une partie du mobilier, d'un détail qui suscite une atmosphère que le lecteur comble lui-même. C'est le secret de ces contes, qui semblent d'eux-mêmes nous replonger dans l'univers familier de ce qui coule de source, en un mot : le monde de l'enfance.

Prolepse et analepse

Pour cette raison, la narration doit imiter le rythme spontané du conteur à la veillée, brodant sur un thème bien connu pour un auditoire attentif et exigeant. Or les contes d'Andersen, au contraire de ceux recueillis et retravaillés par Perrault ou les frères Grimm, sont de son invention. Andersen doit donc artificiellement recréer cette attente du lecteur, qui sait où va l'histoire, donc peut se laisser porter au fil du récit. Cet artifice littéraire, le critique Gérard Genette l'examine dans *Figures III* en distinguant les différents outils de narratologie, parmi lesquels la manière de jouer sur l'ordre du récit pour entretenir le suspense et l'attention de l'enfant qui écoute l'histoire : l'analepse et la prolepse.

Analepse

L'analepse est un retour en arrière au cours du récit, qui permet en général de camper un personnage qu'on introduit, en revenant sur son passé qu'on ignorait jusqu'ici (la chute de la mère crapaud dans « Le crapaud », le secret de la mère ivrogne dans « Elle n'était bonne à rien ! »).

L'analepse peut aussi servir à ancrer le temps du récit dans le fond des âges, comme dans le rappel des enfants martyrs de « En regardant par une fenêtre à Vartou ». Parfois, tout le récit est raconté à partir d'un point de départ qu'il s'agit de rejoindre, donnant immédiatement au récit un cadre temporel assuré, comme dans « Ce que racontait la vieille Johanne », ou « Tante Mal-aux-dents ».

Prolepse

La prolepse raconte un événement avant qu'il ait lieu, ou du moins donne des indices sur ce qui va se produire. Elle est particulièrement efficace pour susciter cette familiarité propre au conte que doit recréer Andersen. Elle est un avant-goût de la suite, anticipe un événement encore à venir, pour mieux provoquer l'attente du lecteur. C'est ainsi que s'ouvre « La reine des neiges », qui assure que le récit tiendra sa promesse, ou « Une peine de cœur » qui fait miroiter la seconde partie du récit avant même que ne commence la première, ou encore « Une histoire des dunes » qui s'ouvre sur le Jutland que le récit ne rejoindra que plus tard, après s'être attardé en Espagne.

Les interventions fréquentes du narrateur sont trop nombreuses pour en dresser la liste. De nombreuses incises, en général désinvoltes, recourent à la prolepse pour soutenir le rythme du récit. Annonçant à l'avance un détail, un événement, un verdict que l'on pourra rendre à l'endroit de tel personnage une fois le conte fini, le narrateur tisse un réseau de jugements qui, tout en rompant la ligne temporelle du récit, lui offre un cadre prédéfini, comme si le lecteur, avant même d'avoir fini l'histoire, l'avait déjà entendue.

Le conte, un récit allégorique ?

Si les contes sont traditionnellement destinés aux enfants, c'est en raison de leur visée didactique : le récit est donc en partie allégorique puisqu'il illustre une leçon de morale. Toutefois les contes d'Andersen semblent échapper à cette règle : lui-même a tenu, rapidement, à supprimer la mention « pour les enfants » qui suivait le titre de ses recueils, où les morales sont souvent ambiguës (« Une peine de cœur », « Le bonhomme de neige », « Le moulin à vent », « Le jardinier et ses maîtres », « Ce que racontait la vieille Johanne », « La clef de la porte d'entrée »), sinon absentes (« Les fleurs de la petite Ida », « Le vaillant soldat de plomb », « Le rossignol », « La bergère et le ramoneur », « Une image vue depuis les remparts de la citadelle », « Le grand serpent de mer » ou « L'invalide »).

Pourtant, les contes d'Andersen ne sont pas amoraux : il laisse souvent le lecteur juge, après avoir construit un récit dont ce dernier est partie prenante. On peut distinguer trois formes de récit distinctes du conte, auxquelles Andersen emprunte certains traits dans ses contes : l'apologue, la parabole et la fable.

Apologue

Un apologue est un récit à visée didactique : il illustre une morale que saisit le lecteur pour mieux l'appliquer ensuite. Andersen, toujours ambigu, laisse au lecteur le soin de la découvrir, sans jamais la formuler, quand bien même ce qu'il met en avant transparaît tout au long du conte : la vanité des flatteurs et l'innocence des enfants dans « Les nouveaux habits de l'empereur », ce qu'il faut pour ne pas s'en faire dans « Un caractère gai », le respect de l'ordre dans « Chaque chose à sa place », le cycle des regrets dans « En regardant par une fenêtre à Vartou », ou la valeur secrète du sacrifice dans « Elle n'était bonne à rien ! ». Le refus de nommer expressément la valeur ou vertu mise en avant permet de mettre en scène une posture de maître d'école qui fait comprendre la leçon à l'enfant sans lui imposer. Cela permet, pour d'autres contes, de garder vivante l'ambiguïté morale du monde dans lequel grandit l'enfant.

Parabole

Une parabole est récit allégorique auquel le lecteur substitue à ce qu'il y a d'imaginaire ce qui se trouve dans sa vie, pour en tirer une morale. Ainsi des contes, dont le ton est souvent religieux, qui laissent entendre que le malheureux trouve toujours au moins au ciel sa récompense : « La petite sirène », « La petite fille aux allumettes », « Le crapaud », ou encore la justice providentielle qui advient tant pour le pauvre que le riche, dans « La cloche » ou « Les bougies ». On trouve encore, dans le registre poétique, des analogies entre ce que raconte Andersen et l'art d'écrire, notamment dans « Le lutin chez le charcutier », les deux postures (poétique et scientifique) dans « Le crapaud », la figure du critique mauvais poète dans « Ce qu'on peut inventer », une allégorie de l'art littéraire dans « Le bonheur peut se trouver dans un bout de bois » ou le talent caché des auteurs méconnus de la « Tante Mal-aux-dents ».

Fable

Une fable met en valeur quelques types moraux déguisés le plus souvent sous les traits d'animaux, depuis Ésope jusqu'à La Fontaine, au cours d'un récit bref mais édifiant. De nombreux contes, par leur extrême brièveté ou le caractère simpliste de leurs personnages, penchent vers la fable : « La princesse sur le pois » dont la délicatesse révèle le rang, « Le vilain petit canard », dont la valeur est incomprise par ceux qui l'entourent, « Le sapin » qui laisse passer son bonheur à force d'y rêver, la bêtise des faux savants dans « La goutte d'eau », la vanité des fanfarons dans « Le faux col », les beautés cachées de la poésie dans « Le lutin chez le charcutier ».

Pour conclure

Tant par le travail conjoint du narrateur et du lecteur, tant par les artifices littéraires employés au cours du récit, que par la structure de ce dernier, Andersen puise dans un fonds littéraire conventionnel, sans jamais être convenu, la forme immémoriale qu'il donne à la matière nouvelle de ses contes. C'est ainsi que ces derniers paraissent aux yeux du lecteur des histoires venues du fond des âges, plaçant dès son vivant Andersen dans la longue lignée des conteurs, des bardes, ces écrivains populaires et universels (*digter* en danois), et à laquelle Andersen voulait, depuis son enfance, appartenir.

Résumés des *Contes*

L'œuvre au programme est une anthologie, c'est-à-dire que l'éditeur donne un florilège de son choix. Il s'en explique dans la préface : il a retenu à la fois les contes les plus célèbres, qui ont forgé la renommée mondiale d'Andersen, et des contes plus tardifs, plus personnels, témoignant ainsi de la diversité de style et de ton du conteur danois. Ces morceaux choisis ne peuvent donc pas s'analyser par une quelconque structure, puisqu'ils sont extraits de différents recueils, et qu'aucun geste d'auteur ne justifie l'organisation, l'ordre et la mise en page des contes retenus par le traducteur.

1 « Le briquet »

Grâce à l'aide d'une sorcière qu'il tuera en guise de remerciement, un soldat s'enrichit prodigieusement en allant chercher au fond d'un arbre un trésor gardé par trois chiens monstrueux, non sans conserver le briquet que la sorcière lui avait demandé de retrouver pour elle. Après avoir dépensé toute sa fortune dans une ville voisine, le soldat découvre que ce briquet lui permet d'invoquer les chiens, qui lui obtiennent tout ce qu'il désire. Craignant que leur fille, selon la prophétie, épouse un simple soldat, la reine et le roi de cette ville la tiennent à l'écart du peuple. C'était sans compter le briquet magique du soldat, qui envoie les chiens la chercher chez elle. La famille royale finit, après bien des stratagèmes, à surprendre le soldat et le fait jeter en prison pour le condamner à mort. Il réussit à convoquer une dernière fois ses chiens féroces, qui mettent en pièces tous ceux qui voulaient le tuer, provoquant l'admiration du peuple qui le fait roi et lui offre la princesse, comme cela avait été prédit.

2 « La princesse sur le pois »

Souhaitant accéder au désir du prince qui voulait épouser « une *vraie* princesse », ses parents accueillent une princesse en guenilles dont on éprouve la délicatesse en cachant un pois sous une montagne de literie. Ayant tout de même souffert de ce petit pois, la princesse a prouvé son rang royal, ce qui la conduit dans les bras du prince.

3 « Les fleurs de la petite Ida »

Un étudiant amusant, cherchant à expliquer à la petite Ida pourquoi les fleurs fanent, lui fait croire qu'elles se réunissent la nuit pour danser. Ida ayant accepté cette explication, elle met sa chambre à la disposition des fleurs. Se levant la nuit pour aller les épier, Ida assiste au prodigieux bal nocturne des fleurs... À moins que ce ne soit un rêve ! Les fleurs confient à Sophie, la poupée, qu'ayant été cueillies, la mort les attend, à moins qu'Ida ne les enterre dans le jardin pour qu'elles repoussent l'année suivante ; c'est ce qu'Ida décide de faire.

4 « La petite sirène »

Élevée par son père veuf, le roi de la mer, et sa grand-mère, parmi ses grandes sœurs, la petite sirène s'ennuie au fond des eaux, et ne rêve que de rejoindre la surface pour découvrir le monde des hommes. À quinze ans, sa majorité, elle obtient le droit de monter à l'air libre, où elle assiste au bal que donne un prince sur son navire, avant que ce dernier ne sombre à cause d'un orage. Après avoir sauvé le prince dont elle s'est éprise en le déposant sur le rivage, la petite sirène se morfond dans son palais marin. Si ses sœurs lui montrent le palais terrestre où vit le prince pour la consoler, sa grand-mère lui révèle un secret : seul un amour véritable consacré par le mariage permettrait leur union. En effet, les sirènes n'ont pas d'âme. Elles vivent bien plus longtemps que les hommes, mais la mort est pour elles le retour au néant, alors que les hommes vont au ciel pour l'éternité. Le mariage permet que l'époux donne une âme à la sirène tout en conservant la sienne. L'héroïne se résout à quitter le monde sous-marin, grâce aux maléfices d'une sorcière qui la dote d'une paire de jambes, au prix de la souffrance et du mutisme. Recueillie par le prince après sa métamorphose, la princesse gagne son estime et son affection, au point de croire pouvoir s'unir à lui. Mais un mariage est annoncé avec une princesse et, le soir de leur mariage, la petite sirène doit mourir à cause du maléfice ; ses sœurs obtiennent alors de la sorcière un nouveau pacte : si elle tue le prince, elle retrouvera sa forme primitive et sa vie d'avant. Véritablement amoureuse du prince, elle renonce à lui prendre la vie, préférant donner la sienne. La noblesse de son sacrifice la sauve alors de la mort : elle devient une fille de l'air, qui, après des siècles, finira par rejoindre Dieu.

5 « Les nouveaux habits de l'empereur »

Vaniteux et fier, un empereur se laisse tromper par deux escrocs qui lui promettent le plus beau vêtement du monde. Seulement, cet habit prétendument magique serait invisible aux yeux des sots. Véritablement sots pour croire pareille baliverne, tous honteux de passer pour tels aux yeux du souverain crédule, les conseilleurs du roi, puis tous les sujets du royaume, affectent de voir les nouveaux habits de l'empereur, jusqu'à ce que sorte de la bouche d'un enfant l'innocente vérité que tout le monde reprend en cœur.

6 « Le vaillant soldat de plomb »

Un enfant reçoit pour Noël un régiment de soldats de plomb. L'un d'entre eux n'a qu'une jambe, car il n'y avait pas assez de plomb pour le couler entièrement. Amoureux d'une danseuse de papier, qu'il croit tenir comme lui sur une seule jambe, il rêve de faire sa connaissance. Posé sur le rebord de la fenêtre, le vent le fait tomber dans la rue, où des enfants de passage le font monter sur un bateau en papier lancé dans le caniveau, qui le conduit droit dans les égouts, où, après avoir croisé des rats, il finit, les égouts débouchant sur la mer, par être avalé par un poisson. Ce dernier, par miracle, se retrouve sur la table de cuisine de l'enfant qui avait perdu son soldat de plomb. Le poisson est jeté dans le poêle à bois et le vent emporte la danseuse qui atterrit dans les flammes. Les deux jouets se consument jusqu'à ce que ne reste plus qu'une paillette de la danseuse, et le plomb du soldat qui forme désormais un cœur.

7 « Les cygnes sauvages »

Veuf et père de onze garçons et une fille, un roi se remarie à une marâtre qui le convainc d'abandonner ses enfants, après avoir changé les garçons en cygnes et placé la fille chez des paysans. Des années plus tard, malgré tous ses efforts, la marâtre ne put la changer elle aussi en cygne, car son cœur était trop pur, et dut se résoudre à la souiller pour la rendre méconnaissable aux yeux de son père. Honteuse et malheureuse, la princesse s'enfuit hors du château, errante et malheureuse, jusqu'à rencontrer une vieille femme. Quelques temps plus tard, ses frères changés en cygnes la trouvèrent, avant de reprendre forme humaine la nuit venue. Ils lui proposent de la conduire par-delà les mers, après une escale sur un îlot battu par les vents. À leur arrivée, dans une grotte qui révèle au matin les rêves de la nuit, les douze enfants royaux apprennent que la princesse peut les sauver : la fée Morgane lui offre de coudre onze cottes de mailles faites d'orties magiques, qu'elle devra jeter sur ses frères pour rompre le maléfice et leur rendre définitivement leur apparence humaine. Pour réussir, elle ne doit pas émettre une parole et souffrira de la piqûre des orties. Rencontrée lors d'une chasse, un roi s'éprend d'elle et entend l'épouser malgré la désapprobation de son archevêque. Pour finir les cottes de mailles, elle doit cueillir des orties magiques dans un cimetière où se réunissent des sorcières. L'archevêque l'accuse de sorcellerie et convainc le roi de la livrer aux flammes. Dans sa geôle, la princesse poursuit son œuvre, aidée par les animaux qui lui apportent les derniers brins d'orties. Terminant in extremis son ouvrage sur la charrette qui la conduisait au bûcher, la princesse est entre les mains du bourreau quand elle délivre ses frères du maléfice. Elle clame son innocence et tombe inconsciente, tandis que ses frères redevenus hommes racontent leur

Pour retenir la liste des 38 contes d'Andersen

« La famille royale va au concert »

histoire. Le roi, alors convaincu de l'innocence de la princesse, la prend finalement pour épouse.

8 « Le rossignol »

Apprenant que les voyageurs préféraient le chant d'un rossignol à toutes les merveilles de son empire, l'empereur de Chine veut l'entendre. Les courtisans le cherchent en vain puis le trouvent grâce à une humble servante. Devant la cour, l'oiseau fait des prodiges. Pour complaire à l'empereur de Chine subjugué, l'empereur du Japon lui offre un oiseau mécanique, dont on vanta si bien les mérites qu'on finit par bannir le rossignol au profit de l'automate. Le mécanisme s'use avec le temps, jusqu'à ce qu'il se détraque complètement. Des années plus tard, agonisant, l'empereur, tourmenté par les images que la Mort lui envoie, vit revenir le rossignol qui chanta si bien que la Mort se retira, à la plus grande surprise de la cour.

9 « Le vilain petit canard »

Dernier né, tardif, d'une portée de canetons, le vilain petit canard essuie les insultes de toute la basse-cour – à l'exception de sa mère – au point de préférer s'enfuir plutôt que de souffrir plus longtemps. Dans la nature sauvage, il subit encore les affronts d'autres animaux, jusqu'à ce qu'il se réfugie dans la ferme d'une vieille femme : il y est encore esseulé et incompris car une vieille poule et un vieux chat très orgueilleux règnent en maîtres. S'enfuyant de nouveau, l'hiver le surprend et manque de le tuer. Au printemps, il découvre, après avoir fui des enfants, qu'il n'est plus ce vilain petit canard qu'on lui reprochait d'être, mais qu'il est devenu ce qu'il était par nature : un magnifique cygne, accueilli par les siens.

10 « Le sapin »

Un jeune sapin perpétuellement insatisfait désirait grandir autant que ses voisins plus âgés. Apprenant des oiseaux ce qu'il advient des sapins adultes une fois abattus – on les dit transformés en mât voyageant vers l'Égypte, ou coupés pour Noël et emmenés en ville – il rêve de partager leur sort. Abattu en plein hiver, il ne cesse de songer à ce qui l'attend, et qu'il s'imagine toujours plus grandiose et merveilleux. Après une nuit magnifique où il trôna dans la grande salle d'une demeure noble pour la fête donnée aux enfants, mais dont il ne sut pas vraiment profiter tant il était crispé, le sapin rêvait de revivre cet instant de grâce, se promettant de faire mieux la fois suivante. Relégué dans le grenier, le sapin passe le temps en narrant le plus beau jour de sa vie à des souris de passage, auxquelles il raconta le conte qu'on avait servi aux enfants ce soir-là. Le printemps venu, gonflé d'espoir, le sapin est mis à la rue, piétiné par les enfants, débité en fagots, consumé dans un poêle, sans jamais avoir pris la mesure du bonheur quand il se présentait à lui.

11 « La reine des neiges », conte en sept histoires

Première histoire, qui traite du miroir et de ses morceaux

Le diable, par malice, conçut un miroir maléfique, qui rendait beau ce qui était laid et faisait passer pour bon ce qui ne l'était pas. Voulant se moquer de Dieu, les trolls, ses élèves, le portèrent au ciel, d'où il tomba pour se briser en millions de fragments éparpillés à travers le monde, sans rien perdre de leur vertu maléfique.

Un petit garçon et une petite fille

Deux enfants pauvres, Gerda et Kay, quoique voisins, s'aimaient comme frère et sœur, et jouaient toute l'année autour des roses qui poussaient dans les bacs qui séparaient leurs foyers. L'hiver venu, après avoir rêvé de la reine des neiges dont sa grand-mère lui avait dit qu'elle commandait aux flocons, Kay reçoit l'un des fragments du miroir maléfique dans l'œil et rompt avec Gerda. Un jour de grand froid, il attache sa luge au traîneau d'une dame toute de blanc vêtu : il s'agit de la reine des neiges, dont il est désormais épris, et qui l'enlève jusqu'à son palais.

Le jardin fleuri de la femme qui connaissait la magie

Ne croyant pas à la mort de Kay qui a disparu, Gerda part à sa recherche. Au cours de ses recherches, elle fait la rencontre d'une bienveillante sorcière qui veut la garder auprès d'elle à jamais dans son jardin fleuri, dont elle a retiré toutes les roses pour ôter à Gerda le souvenir de son passé et de sa mission actuelle. Ayant oublié d'effacer la rose qui ornait son chapeau, la sorcière ne peut empêcher Gerda de reprendre sa quête, en interrogeant toutes les fleurs, dont aucune ne sait où se trouvait Kay, mais qui racontait chacune son rêve. Par dépit, Gerda reprend sa route.

Prince et princesse

Sur son chemin, Gerda rencontre une corneille qui lui raconte qu'une princesse voulait se marier et le fit savoir, si bien que de nombreux jeunes gens vinrent à son palais lui demander sa main. Parmi ceux-là se trouvait un garçon qui pouvait fort bien être Kay. La corneille conduit alors Gerda jusqu'au palais, où elle apprend que le nouveau prince n'est pas Kay. Néanmoins touchés par son histoire, le prince et la princesse donnent à Gerda de quoi continuer son voyage.

La petite fille de brigands

Tombée aux mains de brigands, Gerda doit la vie sauve à leur fille, qui lui permet de partir en Laponie sur le dos de son renne, après que des pigeons lui ont révélé que c'était là que la reine des neiges retenait Kay.

La Lapone et la Finnoise

Sur les conseils d'une Lapone, Gerda se rend chez une Finnoise que le renne convainc d'utiliser ses pouvoirs au service de la petite fille. Cela s'avère inutile, puisque le cœur de Gerda est assez pur pour vaincre tous les maléfices. De fait, arrivée au pied du palais de la reine des neiges, protégée par une tempête, la prière de Gerda la dissipe grâce à l'intervention d'une légion d'anges.

Ce qui s'était passé dans le château de la reine des neiges
et ce qui se passa ensuite

Sous le charme maléfique de la reine, Kay perd son temps à tenter d'écrire sous forme de runes le mot « Éternité ». Il est d'abord insensible à l'arrivée de Gerda, mais les larmes de cette dernière, ainsi que le psaume qu'elle chante, lui retirent de l'œil le fragment du miroir. Main dans la main, ils repartent chez eux, et découvrent que, s'ils ont vieillis, ils n'ont pas perdu pour autant leur esprit d'enfant.

12 « La bergère et le ramoneur »

Dans un salon trône une vieille console, sur laquelle se trouvent une bergère et un ramoneur en porcelaine qui s'aiment. Non loin d'eux, une statuette représente un Chinois, qui fait office de père pour la bergère, et l'a promise à un satyre sculpté sur l'armoire du salon. Pour échapper à ce mariage arrangé, les deux amants s'enfuient jusqu'au toit de la maison. Impressionnée par le vaste monde, la bergère convainc le ramoneur de rentrer au salon, où, rafistolant le Chinois brisé en morceaux pour avoir voulu poursuivre sa fille putative, ils l'empêchent d'accéder à la demande en mariage du satyre.

13 « L'ombre »

Un savant des pays froids, en voyage dans un pays chaud, envoie par dérision son ombre visiter la mystérieuse maison d'en face au balcon de laquelle il a aperçu une belle femme. Ainsi perd-il son ombre, ce dont il ne s'inquiète pas puisqu'une autre lui pousse quelques jours après. Bien des années plus tard, il reçoit la visite de son ancienne ombre, qui s'était rendue chez la belle femme au balcon. C'était la Poésie, dont elle s'éprit, qui l'enrichit, l'instruisit, puis lui rendit la liberté, que l'ombre employa à parcourir le monde jusqu'à retrouver son ancien propriétaire, pour le remercier. Des années passent encore avant que l'ombre ne revienne proposer à son propriétaire de partir ensemble en voyage, à la condition que ce dernier devienne son ombre, les rôles étant alors inversés. Ils rencontrent une princesse dont l'ombre s'éprend et qu'elle veut épouser, ce que le savant manque de faire échouer en cherchant à révéler la supercherie. L'ombre fait jeter le savant en prison tandis qu'elle épouse la princesse.

14 « La goutte d'eau »

Le magicien Grouille-Fourmille observe la vermine microscopique proliférer furieusement dans une goutte d'eau du fossé. Un autre magicien croit que c'est Copenhague, mais Grouille-Fourmille lui signale que ce n'est que l'eau du fossé.

15 « La petite fille aux allumettes »

La veille du jour de l'an, une petite fille plongée dans la misère n'a d'autre ressource que de vendre des allumettes. Transie de froid, incapable de rentrer chez elle faute d'en avoir vendues, elle les craque les unes après les autres pour se réchauffer, chacune d'elles la plongeant dans une rêverie merveilleuse, dans laquelle son calvaire se change en magnifique dîner auprès de sa grand-mère défunte. Pour ne pas voir son rêve s'évanouir, elle brûle ses allumettes toute la nuit, jusqu'à mourir de froid.

16 « Le faux col »

Un faux-col fanfaron se fait éconduire par une jarretière, un fer à repasser, une paire de ciseaux, un peigne, avant de finir sur un tas de chiffons, auprès desquels il affabule pour se vanter. Il finit recyclé pour devenir le papier même sur lequel son histoire est écrite.

17 « La cloche »

Une cloche sonne sans qu'on sache où son église se trouve. L'empereur veut en connaître la source et se fait berner par un affabulateur qui prétendait l'avoir découverte. Un jour de communion, tous les enfants partent à la recherche de la cloche, mais ils abandonnent un à un, sauf le plus pauvre d'entre eux et le fils du roi, qui, quoique partis par des voies opposées, se rejoignent devant l'église de la nature et de la poésie.

18 « Une image vue depuis le rempart de la citadelle »

Depuis le rempart de la citadelle on aperçoit de haut en bas la ville qui s'enfonce jusque dans l'obscurité d'une geôle où le dernier des criminels ressasse ses pensées, éclairé par le soleil qu'accompagne le chant d'un oiseau et l'odeur des violettes.

19 « Un caractère gai »

Le fils d'un conducteur de corbillard a hérité de son père un caractère gai, un abonnement aux *Petites Annonces* et l'habitude de fréquenter les cimetières. Son abonnement lui assure de connaître tout ce qu'il y a à savoir, et les cimetières lui donnent en exemple la vie de ceux qui y reposent et qu'il consigne dans son *Registre des tombes*. De quoi contenter tout le monde : la vie du peuple écrite de sa propre main, la vie des autres écrite par soi-même, de quoi toujours conserver un caractère gai.

20 « Une peine de cœur »

Une dame distinguée possède un vieux carlin qu'elle aime, et qui finit par mourir. Ses petits-enfants lui offrent un enterrement qu'ils font payer en boutons aux enfants de la ville, ce que ne peut s'offrir la plus pauvre d'entre eux, à son grand regret. À la peine de la dame répond celle de la petite fille, dont les grosses larmes symbolisent une vraie peine de cœur.

21 « Chaque chose à sa place »

Un châtelain brutal et arrogant pousse un jour de chasse une gardienne d'oie, qui, pour ne pas tomber dans la boue, se retient à la branche d'un vieux saule. Un marchand ambulant la remet sur pied, et répète, par dérision, la parole du châtelain : « chaque chose à sa place », en plantant la branche en terre. Des années plus tard, le châtelain ruiné doit céder son manoir au marchand, qui épouse la gardienne. Cent ans plus tard, leurs descendants se moquent à leur tour de leurs aïeux. Le fils du pasteur leur fait la leçon tout en taillant une flûte dans le bois du saule par lequel tout avait commencé. Un soir de bal, le fils du pasteur souffle dans la flûte qui déchaîne une tempête, affligeant la nouvelle noblesse, finalement aussi bête que l'ancienne, sans respect pour la noblesse de cœur. Si l'on oublia vite l'incident, la flûte s'étant cassée, du moins le portrait du marchand et de la gardienne retrouve-t-il sa place d'honneur dans le manoir.

22 « Le lutin chez le charcutier »

Un lutin entendant un étudiant et son logeur plaisanter sur la poésie, entreprend d'en apprendre davantage, en donnant la parole à tous les objets de la demeure. Instruit chez le charcutier par un tonneau malappris dans lequel s'entassent des coupures de journaux où l'on publie de la poésie, le lutin est convaincu qu'elle est chose futile. Pourtant, chez l'étudiant, il a la surprise de découvrir sa beauté. Un incendie frappe le quartier et, chacun sauvant ce qu'il a de plus précieux, le lutin sauve la poésie et se convainc qu'il doit partager sa vie entre les deux demeures : celle du charcutier pour la bouillie, celle de l'étudiant pour la poésie.

23 « En regardant par une fenêtre à Vartou »

À l'hospice, une vieille femme médite à la fenêtre sur sa propre vie, qu'elle voit défiler, en regardant jouer les enfants dont elle pressent qu'ils mèneront la même vie qu'elle : promise au bonheur qui s'est pourtant échappé, la voilà devenue vieille fille pleine de regrets.

24 « Elle n'était bonne à rien ! »

Le fils d'une lavandière ivrogne s'entend dire par le maire du village que sa mère n'est bonne à rien. Une amie de la mère, Maren, apprend à cette dernière que le frère cadet du maire est mort ; la mère se sent mal et s'explique : jeune, le frère du maire et elle s'étaient aimés, mais la différence de leurs conditions interdisait leur mariage. Aussi la mère fut-elle promise à un simple gantier, dont la maladie puis la mort entraîna la ruine de la famille et plongea la mère dans l'alcool. Le lendemain matin, reprenant son travail, la mère meurt de froid. Le maire, se réjouissant de sa mort, promet d'assurer l'avenir de l'orphelin, ignorant le sacrifice qu'elle avait commis pour sauver l'honneur de leurs familles.

25 « Le vent raconte l'histoire de Valdemar Daae et de ses filles »

Le riche Valdemar Daae est père de trois belles filles, qui feraient d'excellents partis. La mort ayant pris leur mère, Valdemar Daae entreprend, pour ne pas se laisser abattre, de faire bâtir un navire pour commercer, quitte à raser toute sa forêt, dont ne subsiste qu'un arbre qu'une de ses filles sauva par amour des oiseaux. Après l'échec du commerce, Valdemar se lance dans l'alchimie pour fabriquer de l'or et éviter la ruine. Il y perd de nombreuses années et toute sa fortune, tandis que ses filles restent à marier et que son manoir tombe en ruine. Croyant avoir découvert le secret de l'or, il brise dans son enthousiasme son alambic, précipitant la chute de sa famille. Il meurt seul, cédant son manoir à son créancier, son pire ennemi, et ses filles doivent partir. L'une d'entre elles fait un mauvais mariage tandis que l'autre se travestit pour devenir marin, ce qui lui coûte la vie en passant par-dessus bord. Ironie du sort, la dernière, vieille fille, finit ses jours dans une maison qu'on refuse d'abattre car s'y trouve un nid, tout comme elle avait refusé qu'on abatte le dernier arbre de la forêt pour que les oiseaux puissent y nicher.

26 « Une histoire des dunes »

Un couple d'Espagnols auxquels la fortune sourit n'attend plus que la naissance d'un enfant pour combler leur bonheur. Enceinte, la femme suit son mari dans un voyage qui doit les conduire jusqu'en Europe du nord par la mer. Très vite, la tempête change leur périple en cauchemar. Ils n'y survivent pas ; échouée sur la grève, la mère a seulement le temps de mettre son fils au monde. Il est recueilli par les pêcheurs danois qui s'étaient portés au secours des naufragés. On baptise l'enfant Jorgen et il est élevé parmi les dunes au bord de la mer.

Un jour, on lui permet de suivre son oncle dans l'arrière-pays, pour un enterrement, dont il revient ému, ayant pris le goût du voyage. Il devint mousse et le hasard le porte jusqu'à la ville espagnole de ses parents, sans qu'il n'en sache rien. Il apprend à son retour que sa mère adoptive est morte. Le temps passe et Jorgen devient un jeune homme, ami de Morten et de la jeune Else, dont les deux amis étaient épris. Apprenant les fiançailles d'Else et de Morten, non sans s'être disputé avec ce dernier, il veut le tuer par vengeance. Retenu par son père malade, alité et à l'agonie, Jorgen renonce à son funeste plan.

N'ayant plus ni père, ni mère, ayant perdu celle qu'il aimait et souhaitant la mort de son meilleur ami, Jorgen décide de quitter les dunes de son enfance. Reparti sur le sentier qu'il avait emprunté lors de son voyage enfant, aux côtés de son oncle, il est arrêté au bord d'une rivière. Morten vient d'être assassiné et Jorgen est rapidement suspecté, d'autant plus que, s'étant blessé, il avait des traces de sang sur lui. Il est conduit au cachot dans la ville même où son oncle l'avait conduit tout petit.

Des années passent avant que le coupable, un simple malandrin, ne soit arrêté. On libère Jorgen, dont le sort injuste émeut un marchand qui le prend sous son aile, avant de l'entraîner dans un nouveau voyage vers le nord. Jorgen tombe amoureux de la plus jeune des filles, Clara, qui doit partir chez sa tante en Norvège. Après avoir attendu bien longtemps, Jorgen la rejoint, et, sur le chemin du retour, leur bateau coule. Luttant dans la tempête pour sauver Clara, Jorgen ne réussit qu'à ramener au rivage son cadavre. À l'annonce de la mort de celle qu'il aimait, Jorgen devient fou.

Un jour, Jorgen se rend à l'église du village où Clara était enterrée, sans qu'il en ait conscience, n'ayant plus sa tête. La tempête souffle, et le pauvre fou croit revivre l'émotion qui l'avait saisi dans l'église espagnole quand il était mousse. Tous les morts de son histoire franchissent le seuil de l'église pour célébrer le mariage de Jorgen et de Clara. Le lendemain matin, les paroissiens découvrent que la tempête a enfoui l'église sous le sable.

27 « Le bonhomme de neige »

Un bonhomme de neige, tout juste sorti de terre, s'émerveille du monde qui l'entoure et n'a cure des mises en garde du vieux chien qui le prévient que son bonheur n'aura qu'un temps : choyé lorsqu'il était chiot, le voilà forcé de vivre attaché à l'extérieur. D'ailleurs, ce n'est pas le premier bonhomme de neige qu'il a vu, et dont il connaît l'inexorable destin les beaux jours revenus. L'hiver s'étirant, le bonhomme de neige croit que sa fin ne viendra jamais, d'autant qu'il est depuis tombé amoureux du poêle qui pourtant le ferait fondre. Au printemps, le bonhomme de neige fond et le vieux chien découvre qu'il avait été construit à l'aide d'une raclette pour poêle, ce qui le rassure sur la nature des sentiments du bonhomme de neige : encore une « affaire classée » !

28 « Le moulin à vent »

Un moulin croit qu'il a un corps dont la famille du meunier ne serait que l'âme. Il ne craint pas d'être démoli, convaincu de perdurer et de renaître. Un incendie le ravage, et si son « âme » survit au désastre, puisque la famille survécut, le moulin n'est plus le même : un nouveau moulin, qui lui ressemble mais mieux aménagé et plus en accord avec son temps, a vu le jour. Il n'aurait pas dû tout prendre au pied de la lettre !

29 « Le crapaud »

La mère crapaud défend ses enfants : ils sont peut-être laids mais l'un d'entre eux porte une perle. Le plus petit crapaud se moque de savoir qui porte la perle, il n'en peut plus de vivre au fond d'un puits et veut voir du pays. Émerveillé par tout ce qu'il voit hors du puits, il ne cesse d'aller plus loin pour parcourir le monde. De la campagne à la ville, d'un jardin potager jusqu'à l'intérieur d'un foyer, le crapaud ne cesse de s'enthousiasmer. Dans la maison où il finit par se trouver, un poète et un naturaliste échangent à propos du crapaud : le premier songe à la perle de la fable, tandis que le second envisage l'animal sous l'angle de la science. Une cigogne qui loge sur le toit, tournant en ridicule la fatuité des discours humains, enjoignant ses enfants à migrer vers l'Égypte, inspire au crapaud le désir de les suivre. La cigogne réalise ironiquement ce vœu en mangeant le crapaud, dont le corps meurt, mais dont l'âme, qui recelait en effet la perle, s'élève toujours davantage.

30 « Ce qu'on peut inventer »

Un jeune homme désireux de devenir poète se lamente : tout a déjà été écrit. Malade, il va voir une guérisseuse, qui lui fait entendre et voir la poésie de la nature, grâce à son cornet et à ses lunettes. Privé de ces instruments, l'aspirant poète se plaint de ne plus rien entendre ni voir. La guérisseuse lui conseille alors la voie facile, à défaut de la voie royale : devenir critique et se moquer des mauvais poètes.

31 « Le bonheur peut se trouver dans un bout de bois »

Un jour qu'il trouve un bout de bois, un pauvre homme a l'idée d'en faire une poire en guise de pommeau pour un parapluie. Cette idée géniale lui assure bonheur et fortune, preuve qu'on peut trouver un porte-bonheur dans les choses simples : ainsi du poète, dont le bout de bois est dans la bouche.

32 « Les bougies »

Les bougies de cire ont de quoi rendre jalouses les simples bougies de suif : elles sont promises aux grands bals et aux réceptions bourgeoises. Pourtant, l'une des plus pauvres bougies se retrouve dans un humble foyer de miséreux le soir de Noël, dont les enfants s'émerveillent de pouvoir manger de la pomme de terre. Peut-on vraiment dire que le bonheur de cette famille vaut moins que celui des riches ? Et l'humble bougie de se satisfaire de son sort.

33 « Le grand serpent de mer »

Déposé au fond de l'océan, le câble télégraphique qui relie l'Europe à l'Amérique effraie toute la vie sous-marine. Une à une, toutes les espèces cherchent à réveiller, provoquer, comprendre ce serpent de mer gigantesque que les humains ont relâché dans l'océan. En pure perte : elles ne saisissent pas ce qu'a de merveilleux ce prodige de l'invention humaine qui transmet les pensées à travers l'océan.

34 « Le jardinier et ses maîtres »

Un jardinier fait le bonheur de ses maîtres en cultivant si bien leur jardin que la renommée de ses fruits et de ses fleurs fait le tour du pays. Pourtant, les maîtres n'ont aucune reconnaissance envers lui : ils ne cessent de le rabrouer, ne le remercient que du bout des lèvres, et se félicitent surtout de ne pas l'avoir renvoyé.

35 « Ce que racontait la vieille Johanne »

La vieille Johanne, dans son hospice, raconte l'histoire de son ami Rasmus le Pouilleux. Enfant, Rasmus avait été élevé par un père tailleur dilettante et une mère pieuse, au sein d'une famille très pauvre. Malgré le travail du père et les efforts de la mère, la famille trop nombreuse s'appauvrissait ; le père se laissait aller au fatalisme, la mère s'abandonnait à ses dévotions. La misère et la maladie ayant fait leur œuvre, le père mourut, et Rasmus dut reprendre le travail de son père. Il espérait trouver un emploi auprès d'un maître en ville, mais la nécessité le poussa à devenir tailleur itinérant. Il s'éprit alors de la jeune Else, qui l'aimait en retour. Hélas, leur timidité les empêcha de s'avouer leurs sentiments. Pour le pousser à l'aveu, Else prétendit s'être fiancée au fils d'une autre famille. Cela eut pour effet de pousser Rasmus dans le même fatalisme que son père avec son éternel refrain « à quoi bon ? ». Else voulut alors s'attacher les services d'une sorcière pour faire revenir son bien-aimé. Elle fit traîner en longueur ses fiançailles, mais, de guerre lasse, finit par épouser le fermier, le jour même où Rasmus, après bien des voyages, rentrait à la maison. Ils avaient manqué leur bonheur. Sa mère morte à présent, Rasmus se laissa vivre sans effort, tandis que la maison familiale tombait en ruine. Johanne, qui l'avait toujours aimé, l'admonesta au nom de Dieu en pure perte. Rasmus s'enfonça dans l'indolence et la misère, jusqu'à gagner son surnom de Pouilleux. Un jour que Rasmus, devenu vieillard, passait près de la ferme d'Else, les petits-enfants de celle-ci, ignorant tout de lui, le poursuivirent de leurs insultes et de leurs cris. Rasmus mourut un jour, ignoré de tous sinon de Johanne, qui peut désormais raconter son histoire.

36 « La clef de la porte d'entrée »

Un chambellan possède une clef, avec laquelle on lui a appris à feindre la divination. Il aime la faire tourner en prétendant qu'elle peut révéler l'avenir et, petit à petit, il en vient à croire au pouvoir de la clef. Lors d'une séance de divination, il annonce à un voisin que sa fille Lotte-Lene, qui désire devenir actrice, rencontrera fortune et gloire. Le chambellan et sa femme en font leur protégée. Le temps passe et la femme du chambellan meurt, mais ce dernier ne cesse pas le travail qu'ils avaient commencé d'accomplir auprès de la jeune femme. En dépit de tous ses efforts, Lotte-Lene fait un four lors de sa première représentation. Pourtant, malgré ses déboires théâtraux, la prédiction s'avère exacte, non au théâtre mais dans sa vie : elle réalise qu'elle est tombée amoureuse du chambellan veuf qui l'avait toujours soutenue. Lui l'aime aussi et l'épouse en secondes noces.

37 « L'invalide »

Hans, petit enfant invalide, reçoit de la châtelaine pour laquelle ses parents travaillent un livre de contes pour occuper ses journées au lit. Leur lecture répand si bien le bonheur dans l'humble foyer de l'invalide, que la nouvelle des bienfaits qui avaient suivi son cadeau parvient aux oreilles de la châtelaine. Aussi, elle offre à l'enfant de le faire instruire par le maître d'école, et lui donne un oiseau en cage pour l'égayer. Un jour, le chat de la maisonnée menace de dévorer l'oiseau et l'invalide, par désespoir, se jette sur la cage pour la protéger du félin. C'est ainsi qu'il découvre qu'il n'était plus invalide. Transporté de joie, il court en avertir le voisinage. La châtelaine propose alors de lui payer une instruction supérieure ; il part transporté de joie, enthousiaste à l'idée d'apprendre davantage de nouvelles choses ; il écrivait souvent à ses parents, qui continuaient à lire avec plaisir les contes qui avaient changé leur vie à tous.

38 « Tante Mal-aux-dents »

Au fond d'un tonneau gît l'histoire manuscrite d'un étudiant décédé, intitulée « Tante Mal-aux-dents » du nom de sa tante qui lui offrait des sucreries tout en regrettant qu'elles finissent par ruiner les dents. Enfant, l'auteur de l'histoire passait pour poète auprès de sa tante pour s'être comparé à l'insecte qui rampe le long de la feuille, croyant découvrir un monde plus vaste encore qu'il ne peut l'imaginer. Plus tard, à la mort d'un ami dont la tante avait dit aux enfants qu'il deviendrait un ange une fois enterré, l'auteur refuse de quitter le cimetière sans avoir vu la métamorphose angélique, prenant au pied de la lettre les paroles de sa tante et confirmant aux yeux de celle-ci la vocation de poète de l'enfant. Devenu étudiant, logeant dans un immeuble des plus bruyants, l'auteur décrit à sa tante dans une lettre bien écrite le vacarme quotidien, dont la tante loue la description, enjoignant son neveu à y mettre de l'action pour parfaire ses dons de poète. Un soir, pris d'une rage de dents, délirant de fièvre, l'auteur vit un spectre le tourmenter sous les traits fantomatiques de sa tante qui dormait chez lui : après l'avoir torturé parce qu'il était poète, elle accepte de le laisser tranquille à condition qu'il n'écrive jamais de vers. La promesse est tenue : ce récit, trouvé au fond d'un tonneau après la mort de l'étudiant, n'était pas un poème.

Wole Soyinka et son œuvre

Soyinka, prix Nobel de littérature 1986, a écrit une autobiographie sur son enfance. C'est l'œuvre au programme. L'un des aspects de toute réflexion sur l'autobiographie est l'analyse du regard porté par l'auteur sur la personne qu'il fut. Soyinka a eu très rapidement, et a encore plus aujourd'hui, la stature d'un opposant, puis d'un juste, de celui qui dit la vérité au pouvoir, dont l'intégrité et l'intelligence des choses est inattaquable, dans un monde plutôt sombre et corrompu. *Aké* rend compte des éléments précoces conduisant à un tel parcours.

En présentant ici l'auteur, nous allons d'une part nous attacher à objectiver ce qui peut l'être des événements de son enfance ; d'autre part, rendre compte du rapport de Soyinka homme public à son environnement culturel, étant donné que c'est une partie importante de sa personne d'écrivain.

Nous présenterons simultanément les éléments complexes de la société et de l'histoire nigériane aux moments où Soyinka y réagit. Les traiter séparément serait une erreur, tant le lien entre son monde et son œuvre est central à cet écrivain et à sa dimension internationale.

1 Le malheur d'avoir vécu une époque intéressante ?

Ce que c'est qu'avoir de qui tenir...

Akinwande Oluwole Babatunde Soyinka est né le 13 juillet 1934 à Abeokuta, actuelle capitale de l'État d'Ogun (Nigéria), historiquement peuplée de membres des Egba (appartenant aux Yoroubas). Pendant l'enfance de Soyinka, Abeokuta était le Protectorat anglais du Nigéria. Wole est le deuxième d'une fratrie de sept, dont Folasade, la quatrième, est morte le jour de son premier anniversaire. Son père Samuel Ayodele (S. A., prononcé « Essay » en anglais – essai littéraire – approprié à un pasteur et enseignant) vient d'une des familles royales de la ville ijebu (autre ethnie Yorouba) d'Isara (le roi ou Odemo est élu parmi ces familles). L'Odemo, de 1941 à sa mort en 1985, fut Samuel Adetayo Akinsanya, un cousin d'Ayodele et surtout une figure importante de la politique nigériane, d'abord dans les années 1930 à Lagos, où il fut un des membres fondateurs de la *Nigerian Youth Movement*, important mouvement nationaliste, puis depuis Isara, comme secrétaire d'organisations professionnelles qui toutes jouèrent un rôle dans la construction du pays. Soyinka, après avoir écrit *Aké*, rendit hommage à la génération de son père et de ses amis, dans *Isara*, en 1989.

Sa mère, Grace Eniola Soyinka, est la petite-fille du chanoine révérend J. J. Ransome-Kuti, membre de l'administration anglicane et musicien anglais et yorouba, qui apparaît dans *Aké* comme précédent occupant de la mission. Un des frères de sa mère, Israel Oludotun, est le directeur du lycée d'Abeokuta, dont il est un ancien élève, comme sa femme Funmilayo (née Frances Thomas), fait exceptionnel pour l'époque. Ils sont Daodu et Beere dans *Aké*. Ils appartiennent aussi tous deux à des familles de l'aristocratie egba conscientes de leur histoire ; ainsi Funmilayo compte parmi ses ancêtres une esclave ayant réussi à revenir à Abeokuta. En partie éduquée en Angleterre, elle en est revenue en réclamant l'utilisation de son nom yorouba plutôt que chrétien, probablement du fait de sa confrontation au racisme. Tous deux sont activistes, Israel dans l'univers des professeurs, Funmilayo dans l'univers des femmes dont elle initie la révolte selon Wole. Mère entre autres du musicien Fela Anikulapo-Kuti, créateur de l'afrobeat, elle mourra en 1978 d'une défenestration par les militaires venus arrêter son fils pour sa chanson provocatrice « Zombie ».

C'est parce qu'il voulait écrire une biographie de Daodu, pour lequel on voit son attachement, ainsi que pour sa femme, tout au long du livre, que Soyinka s'est mis à écrire ce qui deviendra, sans qu'il l'ait prévu, l'autobiographie de son enfance.

Bref aperçu des années 1934 – 1946 au regard d'*Aké*

Le « pacte autobiographique » est celui d'une vérité sur soi-même et Soyinka est fidèle à ce qui peut être vérifié de son histoire personnelle et de celle du Nigéria. Il choisit de terminer sa narration et donc l'histoire de sa première formation avec la révolte des femmes. Cela le fait accéder à l'âge de raison au moment où les mouvements pour l'indépendance du Nigéria deviennent crédibles.

Wole, après avoir suivi les cours de l'école primaire dirigée par son père, est bien passé en 1940 au lycée d'Abeokuta, où il obtint un certain nombre de prix de composition littéraire. Il entra au Lycée National d'Ibadan en janvier 1946, peu après la fin de son autobiographie, qui s'achève sur les bombardements d'Hiroshima et Nagasaki en août 1945. La révolte des femmes d'Abeokuta contre les abus fiscaux de l'Alake ou roi Egba, qui commence en 1944, à partir des groupes de femmes organisés par sa grand-tante qui devinrent le Syndicat des femmes d'Abeokuta, obtint même l'abdication de ce dernier de 1948 à 1950. En revanche les événements les plus marquants de cette révolte, les discussions avec l'Alake, eurent lieu fin 1946, bien après la conversation entre le jeune Wole et Beere et Daodu qui clôt le livre. Soyinka donne aussi un rôle dans les coulisses de cette révolte à Daodu et à son père, ce qui est impossible à vérifier mais possible ; Essay était lié à l'Odemo d'Isara, et Daodu un des chefs du Syndicat des enseignants, qui s'est d'abord tenu à distance du parti d'union mais a soutenu le mouvement des femmes. Cette époque d'agitation vit aussi la création d'un des partis d'union nationaliste les plus importants, le *National Council of Nigeria and the Cameroons*, et la montée en notoriété des leaders nationalistes dont parle Soyinka au chapitre XIV, Ogendengbe Macaulay et Nnamdi Azikiwe (Zik).

La voiture d'occasion importée d'Angleterre par Beere et Daodu arriva en 1936, et c'était bien la troisième voiture d'Abeokuta. Quant aux Blancs qui y habitaient, il y aurait eu le *District Officer*, rendant plausible le circuit qui mène l'enfant de son quartier, où résidait l'Alake, à Ibara, quartier de la RÉSIDENCE avec ses canons. Wole remarque que le sergent a l'accent des Hausa, une ethnie du Nord, ce qui est certainement vrai : les Britanniques ont en effet privilégié les musulmans pastoraux du Nord, Fulani et Hausa, comme ethnies « martiales » à recruter de préférence pour l'armée coloniale. Nous renvoyons à la fiche suivante pour d'autres observations.

« Soit un homme est maître de son métier, soit il quitte ce monde. »

Après le lycée, Wole s'inscrit de 1952 à 1954 à l'université d'Ibadan, alors la seule d'Afrique de l'Ouest, et à ce titre affiliée à l'université de Londres ; il étudie la littérature anglaise, le grec et l'histoire européenne. Il y crée une association, la *Pyrates Confraternity*, qui recrute en fonction du talent et non de l'ethnie. En juillet 1954, il réalise sa première diffusion publique, à la radio, et part étudier en Angleterre. Sa première pièce, *The Invention* (1957), est jouée au Royal Court Theatre, scène londonienne dédiée à la production de jeunes auteurs contemporains. Viennent ensuite les pièces *Les Gens du marais* (nous donnons les titres des traductions en français) en 1958 et surtout *Le Lion et la Perle* (1959). Elles lui permettent de devenir lecteur pour le RCT. Il n'avait jusque-là publié que quelques poèmes dans *Black Orpheus*, revue nigériane fondée en 1957 en référence à « Orphée noir », le titre de l'essai de Jean-Paul Sartre qui préface en 1948 l'*Anthologie de la nouvelle poésie nègre et malgache de langue française* réunie par Léopold Sédar Senghor. L'œuvre de Soyinka, quoiqu'en anglaise et centrée sur le Nigéria, est d'emblée internationale, car liée aux territoires colonisés au XIXe siècle par les puissances européennes.

En 1960, Soyinka rentre au Nigéria grâce à une bourse de recherche et se consacre surtout à écrire et produire des pièces, ainsi *Les Tribulations de frère Jéro*; *La Danse de la forêt* est jouée à Lagos en l'honneur de l'indépendance nigériane, le 1er octobre 1960, et il écrit la première pièce de la télévision nigériane. Date aussi de 1960 la citation la plus connue attribuée à Soyinka, « [L]e tigre ne proclame pas sa tigritude, il bondit », cœur d'une critique du concept de négritude de Senghor et Césaire. Pour Soyinka, le problème de ce concept est dans la glorification d'un passé africain qui néglige les apports du présent et de la modernisation : on reconnaît déjà l'auteur d'*Aké* qui met en scène le bonheur de l'enfant évoluant dans un univers biculturel tourné vers l'avenir.

En 1962, il prend un poste en littérature anglaise à l'université d'Ife. Son premier long métrage, *Culture in Transition*, sort en 1963, son premier roman, *Les Interprètes*, en 1964, à Londres. En décembre 1963 il fonde la *Drama Association of Nigeria* mais démissionne de son poste universitaire pour protester contre le conformisme pro-gouvernemental réclamé par les autorités ; il faut dire que depuis 1960 les tensions entre le gouvernement fédéral nigérian, perçu comme essentiellement nordiste, hausa, conservateur et musulman, et les régions du Sud, elles-mêmes divisées entre un Ouest yorouba plutôt fédéraliste mais exigeant une fédération divisant le pouvoir équitablement, et un Est igbo entrepreneurial et détenteur de la richesse pétrolière, ne cessent d'augmenter. En 1965 Soyinka, pour protester contre l'élection de décembre 1964 qui avait produit un président nordiste au prix de manipulations du recensement de la population ainsi que des procédures de vote, prit d'assaut une station de radio afin de remplacer le discours du premier ministre de l'Ouest par un discours expliquant ces différentes distorsions du vote. Emprisonné quelques mois, Soyinka est relâché du fait de pressions internationales, mais la politique ne cessera plus de l'affecter.

Une instabilité chronique et une histoire nationale ubuesque

Le 15 janvier 1966, le Nigéria subit un coup d'état militaire initié par sept officiers de rang assez faible, surtout des Igbos ; comme on l'a vu, les Britanniques favorisaient et promouvaient les Nordistes. Le Premier ministre et le premier ministre de la région Nord sont tués, tout comme une bonne partie des officiers supérieurs. L'Igbo Johnson Aguiyi-Ironsi, général en chef nigérian, prend le pouvoir dès le lendemain. Cela, plus l'absence du président l'Igbo Nnamdi Azikiwe (le fameux Zik), fait supposer que le coup d'État est d'origine Igbo.

De plus, Aguyi-Ironsi pense qu'une solution aux problèmes nigérians était de renforcer l'unité nationale et de limiter le régionalisme, et promulgua le 24 mai 1966 un décret à cet effet. La peur de perdre le pouvoir politique en l'absence de garanties de partage de pouvoir fondées sur la proportionnalité ethnique conduisit immédiatement à une explosion de violence anti-Igbos dans le Nord, ce qui alimenta dans le Sud la méfiance vis-à-vis du Nord, moins violente mais bien présente notamment dans les médias. Le 29 juillet la mutinerie de soldats du Nord dans leur caserne d'Abeokuta lance le « contre coup » : Aguyi-Ironsi est assassiné, puis d'autres officiers du Sud. Un officier du Nord, le lieutenant-colonel Yabudu « Jack » Gowon, devient chef de l'armée donc de l'État.

Rapidement confronté à des menaces de sécession de toutes parts, Gowon rétablit le fédéralisme en mai 1967. Il propose pour les régions igbos une division en trois états qui coupent les Igbos des régions productrices de pétrole. Or depuis juillet 1966 les violences inter-ethniques n'ont pas cessé, et ont conduit à un retour massif d'Igbos dans la région Sud-Est. Cette région, gouvernée par le colonel Odumegwu-Ojukwu, fait sécession le 30 mai 1967 et prend le nom de République du Biafra. Le 6 juillet 1967, Gowon attaque et la guerre civile nigériane démarre.

D'après son mémoire *Cet homme est mort* (1972), Soyinka est arrêté à Ife en août 1967 par les militaires du régime après un voyage dans l'Est à la rencontre d'Odumegwu-Ojukwu qu'il aurait espéré convaincre de chercher un accord ; on lui a aussi attribué une démarche semblable auprès d'Olusegun Obasanjo, commandant en 1967 des forces de l'Ouest. Prôner la paix en fait un traître aux yeux du régime. Il va rester enfermé jusqu'en octobre 1969, peu avant la victoire du Nigéria sur le Biafra début 1970. Relâché, Soyinka réécrit le mythe de Penthée dans *Les Bacchantes d'Euripide* (1969), publie un autre volume de poèmes, *Poems from Prison*, après *Idanre* sorti en 1967, reprend un poste à Ibadan (il démissionne de nouveau dès avril 1971). Il joue en 1971 à Paris le rôle de Patrice Lumumba, le Premier ministre du Congo indépendant, assassiné en 1961. En 1972, son roman *Une saison d'anomie* paraît ainsi que son mémoire de prison, qui gagne un large public. De 1973 à 1974 il enseigne à l'université de Cambridge, au sein du département d'anthropologie sociale, le département de littérature anglaise ne reconnaissant pas l'objet « littérature africaine ». De sa collaboration naît l'ouvrage de théorie littéraire postcoloniale *Myth, Literature and the African World* (1976). Il écrit aussi ce qui est probablement son chef-d'œuvre, *La Mort et l'Écuyer du roi*, fondé sur une anecdote réelle : à la mort de l'Oba d'une ville yorouba dans les années 1940 un officier britannique empêcha son écuyer de commettre le suicide rituel de rigueur.

En 1975, Soyinka est de retour en Afrique, à Accra au Ghana cette fois, où il édite la revue *Transition*. Il y publie un autre essai refusant le mythe d'une Afrique miraculeusement débarrassée des apports culturels de la colonisation blanche, *Neo-Tarzanism : The Poetics of Pseudo-Transgression*. La chute du régime de Gowon lui permet de reprendre un poste au Nigéria. En 1977 il adapte l'*Opéra de quat'sous* de Brecht au contexte nigérian avec *Opéra Wonyosi* ; en 1979, il joue le rôle principal d'une pièce sur Steve Biko, un activiste anti-apartheid battu à mort. En 1981 il publie *Aké*, qui obtiendra en 1983 le prix Anisfield-Wolf dédié aux livres contribuant à la compréhension et à la diminution du racisme.

Parmi les projets non littéraires qui l'occupent alors, retenons la création d'une troupe de théâtre, *Guerilla Unit*, qui aide les gens de différentes communautés à mettre en forme dramatique les problèmes auxquels ils se trouvent confrontés et le film *Blues for a Prodigal* en 1984. Ses obligations administratives universitaires le conduisent à s'occuper de sécurité routière, sujet délicat. Ses pièces – *Requiem pour un futurologue* en 1983 – comme ses articles continuent de critiquer la corruption du régime, avec lequel les relations se tendent.

Politiquement, en effet, la situation de 1975 à la fin des années 1980 n'évolue guère, malgré un début prometteur. Le général qui a succédé à Gowon en 1975 a été assassiné peu après ; Olusegun Obasanjo, son successeur, s'engage à restaurer un régime démocratique, et le fait, en 1979 (c'est donc sous le régime d'Olusegun Obasanjo, lui-même originaire d'Abeokuta comme Soyinka, et les Ransome-Futi, qu'une arrestation musclée chez le musicien Fela Kuti conduit à la défenestration puis la mort de la grand-tante de Soyinka, Funmilayo). Shehu Shagari, un Fulani, vétéran de la politique nationaliste d'avant 1960, est élu président de la seconde république. Il est réélu en 1983 mais dans une ambiance de plus en plus délétère. Le général Muhammadu Buhari (le président actuel du Nigéria, élu cette fois, en 2015 puis encore en 2019) fait un putsch ; il est responsable en 1984 d'un décret interdisant la publication de fausses informations ridiculisant le gouvernement, qui permet l'interdiction de *Cet homme est mort*. Il sera lui-même écarté en 1985.

Dans cette ambiance peu reluisante, Soyinka brille par son activité créatrice et sa stature morale et politique. Lorsqu'il arrive à Paris le 8 octobre 1986 et qu'on lui annonce que le prix Nobel de littérature va lui être attribué, il n'y croit pas car son nom circule déjà depuis un certain temps comme lauréat possible. Il est le premier Africain, et parmi eux encore le seul noir, à recevoir cette distinction. Il consacre son discours de réception à Nelson Mandela, parti pris dans la politique intérieure de ce qui est à l'époque le seul pays africain encore sous la domination d'une minorité issue de la colonisation. La portée symbolique et politique de sa distinction sera souvent soulignée, occultant malheureusement d'une part le fait que Soyinka a été traduit et lu en Suède (qui délivre les prix Nobel) dès le début de sa carrière, et d'autre part son œuvre, sa richesse et sa variété, tout spécifiquement sa contribution au renouvellement moderne du théâtre.

Après le prix Nobel, la vie continue

Les trente-cinq ans suivant le prix Nobel restent fructueux. Soyinka a continué de faire des commentaires publics remarqués, notamment lors de la présidence de Donald Trump, dont l'élection en 2016 l'a poussé à quitter les États-Unis, où il vivait, ou plus récemment à propos des problèmes inter-ethniques au Nigéria et, discrètement, de la gestion de la crise de l'extrémisme musulman. Son premier roman depuis 48 ans, *Chronicles of the Happiest People on Earth,* sorti au Nigéria en décembre 2020, va d'ailleurs paraître en français en septembre 2021, et concerne encore l'évolution du pays et son fonctionnement politique et social. Il a participé fin 2020 à une nouvelle production de *La Mort et l'Écuyer du roi.*

En 1988, Soyinka publie *Mandela's Earth, and Other Poems,* ainsi qu'une autre collection d'essais. Son travail autobiographique continue avec *Isara : périple autour de mon père* en 1989 et *Ibadan : les années pagaille. Mémoires : 1946–1965* en 1994 à Londres. Du point de vue théâtral, en 1992 une autre parodie amère de la vie politique nigériane, *From Zia with Love,* ouvre en Italie. C'est que la politique nigériane continue d'être violente et peu constructive : Babangida, putschiste en 1985, échappe lui-même de peu à un coup en 1990. Il rétablit des élections en 1993, mais ses résultats, contestés, permettent au ministre de la Défense Sani Abacha de devenir chef suprême dès novembre 1993. Abacha se débarrasse entre autres de l'écrivain activiste Ken Saro-Wiwa, au moyen d'un procès frauduleux en 1995. Soyinka a fui le pays dès novembre 1994 mais en 1997 le régime le condamne pour trahison en l'accusant de trafic d'armes ; ce n'est qu'à la mort d'Abacha en 1998 que Soyinka peut retourner au Nigéria.

En 1999 la BBC diffuse une commande, *Document of Identity,* une version à peine romancée d'un incident qui avait rendu un de ses petit-fils apatride : il est né prématurément en Angleterre en 1997 alors que sa fille fuyait le Nigéria pour les États-Unis. Le cas est assez courant, alors que les traités internationaux obligent les États à empêcher les individus de devenir apatrides. *Baabou roi* ouvre en 2001 à Lagos, une satire politique ayant pour sujet les dictateurs africains. En 2002, un recueil de poèmes, *Samarkand and Other Markets I Have Known.* En 2006, des mémoires, *Il te faut partir à l'aube.* Soyinka s'occupait de plus en plus d'interventions multiples dans différents contextes internationaux, plutôt que de création. Peut-être que son nouveau roman de 2020, retour à l'écriture du fait de la pandémie, rappelle sa vocation première, la création, l'interventionnisme politique n'en étant que le corollaire moral et intellectuel dans l'univers si peu parfait du Nigéria et du monde postcolonial.

2 *Aké* dans l'œuvre de Soyinka : la question de la place du genre autobiographique dans son œuvre

L'autobiographie n'a cessé de nourrir l'œuvre de Soyinka, que ce soit dans le projet fondateur de mêler au théâtre de langue anglaise les traditions physiques et satiriques du théâtre et du rituel yorouba ; dans le corpus de l'œuvre, systématiquement centré sur l'actualité ou la réalité sociale nigériane ou internationale ; ou dans la création poétique lyrique constante ; ou finalement, dans la mise en fiction du réel (même si l'œuvre romanesque est la moins développée). Peut-être l'équivalent dans *Aké* de cette créativité et de cette puissance de transformation se retrouve dans la présence constante du monde imaginaire, dans la langue et ses jeux symboliques ou ironiques, et finalement dans les moments d'émotion aveugle où, pour une fois, l'enfant, débordé, ne pouvait plus que sentir – la mort de sa sœur, la bataille sans merci avec son frère, la souffrance lors des incisions, l'émotion face au *juju* lors des examens au Lycée National. Pour plus de détails, nous vous renvoyons au résumé linéaire.

En revanche, l'impulsion autobiographique proprement dite commence avec le mémoire de prison, donc dans une perspective de témoignage et de dénonciation, qui fait suite à un événement précis. Le mémoire de 1972 suit l'incarcération arbitraire et menaçante de 1967 à 1969 ; en 1965, après ses deux mois de prison suite au détournement d'un studio, Soyinka avait déjà écrit *The Detainee*, pièce radiophonique diffusée à la BBC.

Les autobiographies qui prennent pour sujet la vie entière de Soyinka commencent avec *Aké* en 1981 ; mais le livre est d'abord centré sur la figure tutélaire formatrice du grand-oncle maternel, Daodu. On voit d'ailleurs que cette impulsion demeure, puisque le deuxième volet des œuvres de mémoire, *Isara*, en 1989, concerne son père.

Ce sont donc seulement les deux derniers volumes qui poursuivent vraiment le projet autobiographique, l'un en traitant du passage à l'âge adulte, l'autre en traitant du passage à l'engagement politique, ou tout au moins à l'insistance sur la libre expression des idées et du désaccord. On peut presque dire que la boucle est bouclée par rapport au projet initial qui nourrissait *Aké* et qui se réalise dans *Isara* : Soyinka y devient une figure tutélaire, un modèle digne de biographie. Il faut retenir d'ailleurs que ce que Soyinka choisit de faire ressortir, dès *Aké*, c'est justement ce qui l'a conduit à être une figure de parler vrai, de celui qui doit la vérité sur le pouvoir, qui discute, conteste, revendique la raison. Mais comment comprendre les difficultés à entamer et mener au bout un projet ouvertement autobiographique, dont témoigne ce parcours ?

3 *Aké* : un contexte complexe et un sens nuancé

Aké a certes été écrit avec un œil sur Daodu, mais aussi dans le contexte du développement du débat sur la nature de la conscience du sujet colonisé, débat initié par Frantz Fanon dans *Peaux noires, masques blancs* en 1952. Pour Fanon, l'accès à la culture occidentale est à la fois ce qui permet au sujet colonisé éduqué de se constituer comme sujet indépendant, et de se rendre compte qu'il ne l'est pas aux yeux des maîtres réels de cette culture, les colonisateurs. Il peut intérioriser cette inadéquation et se vivre donc comme membre inférieur de cette culture, ou s'en servir pour se révolter et se libérer de son emprise en appliquant à lui-même ses principes de rationalité et de liberté. Mais dans ce dernier cas le problème de son rapport à ceux de sa culture qui n'ont pas eu accès à la culture occidentale demeure entier et douloureux, surtout si une égalité ou une reconnaissance de droits a été mise en place du fait de la magnanimité de la culture occidentale. Quelle histoire de sa conscience Soyinka raconte-t-il ? Il faut comprendre que pour beaucoup de ses contemporains, occidentaux ou africains, Soyinka fut et est encore d'une part le représentant par excellence d'un « pseudo-universalisme occidental » traître aux spécificités nigérianes, d'autre part et de façon concomitante le représentant d'une Afrique juste assez exotique mais quand même compréhensible pour un public occidental ou occidentalisé.

Une enfance, comme toutes les enfances, pour laquelle ce qui est, est

L'approche de Soyinka est d'abord résolument phénoménologique et classique. L'enfant ne peut se développer qu'en tant qu'organisme d'abord biologique en interaction avec un environnement auquel il réagit sans a priori de valeur, dans une logique de plaisir/déplaisir ou d'utilité/inutilité. Soyinka met beaucoup de soin à décrire l'intégralité des découvertes de son soi enfant, qu'il dépeint presque constamment allant vers le monde – grimpant à l'échelle pour voir tout le quartier, suivant la parade militaire, et posant question sur question. L'enfant n'a pas non plus intériorisé de différentiels de statut en tout cas avec les colonisateurs : c'est le Blanc dont l'accent anglais est particulier, comme son sergent hausa qui déforme le yorouba (chapitre III). L'enfant est centre de l'univers et la mesure de toute chose. De toute façon, il est *omo* (enfant) de maître, soutenu par le statut de ses parents dans le monde africain (tous deux de familles dirigeantes) comme dans le monde occidental (ce sont des intellectuels au fait de tout ce qui est nouveau).

La question de l'aliénation du sujet colonial

Les doutes affleurent lors des rapports avec la famille d'Isara : l'enfant compare les niveaux économiques et les niveaux d'hygiène, se rend compte de la difficulté de la vie des femmes qui vendent sur de lointains marchés. Surtout, l'anglicanisme de ses parents menace les vieilles croyances et le mode de vie du patriarche, Père (chapitre IX), alors même que l'enfant veut les protéger ; il ne demanderait pas mieux que de continuer indéfiniment, comme au début du livre, à questionner indifféremment les apparitions d'esprits, les enfants *àbikú*, les discussions théologiques de son père, et les interprétations bibliques de la botanique du Verger de la mission. Il peut mettre sur le même plan le fantôme du vieil évêque Crowther, premier évêque noir anglican en 1864, et les masques des esprits *egungun*, et surtout il veut pouvoir le faire.

Il n'y a pas dans le texte de réflexion sur l'origine de ce désir, mais il y a des figures qui résistent : la vieille folle, Sorowanke, sur la place du marché, surtout lorsque son couple et sa grossesse la rendent visible à la population, par exemple. Soyinka retrouve-t-il là, comme pour la mort de sa sœur, une connexion avec une émotion qu'il ne peut pas encore, ou qu'il ne veut pas, transformer en pathos ?

Un projet de libération : ne suis-je pas plus que ce que j'ai été programmé à être ?

« Le moment était venu d'entreprendre les mutations mentales nécessaires pour accéder à un nouvel univers d'adultes irrationnels et à leur discipline. » Les mots de la fin de l'autobiographie signalent où Soyinka veut situer l'enfant abordant le reste de sa vie : il a surtout une confiance absolue et sans la moindre faille dans la capacité de son intellect à appréhender les choses rationnellement et à prévoir l'avenir ; par exemple, il vient de dire qu'auprès d'Essay anxieux lui pensait réussir son examen pour le Lycée National, cette fois, et qu'il arrivait aussi à prévoir où en sont les manœuvres de la révolte des femmes. Il fait écho à l'enfant voulant tout embrasser d'Aké depuis l'échelle, mais cette fois l'accent est mis sur la volonté de surplomber, de comprendre, y compris ce qui n'est pas rationnel. On a l'impression qu'une telle posture ne peut et ne pourra être ébranlée, même face à des racismes ou injustices flagrantes, qui seront ramenées à leurs dimensions réelles. L'élan vers la contemplation ou l'analyse ne saurait plus être brisé.

Vue d'ensemble d'*Aké*

Il n'y a ni intrigue ni structure dans une autobiographie, puisque l'écriture est censée suivre la chronologie, et la mémoire, et mène à l'avènement de l'adulte et de l'écrivain. Cependant, s'il n'y a pas de dispositif ni de jeu qui établirait des symétries entre tels ou tels incidents ou personnages, provoquant des effets de structure, il y a des choix qui ont un sens. Voyons ceux qui opèrent dans *Aké.*

1 L'intrigue, ou l'histoire que raconte *Aké* au travers des choix narratifs de Soyinka

Un génie précoce

Le premier chapitre met en place l'environnement culturel hybride de l'enfance de Wole (voir résumé linéaire) ; dès le deuxième, qui nous montre Wole réussissant à se faire accepter à l'école avant d'avoir trois ans, ou le troisième, où le jeune Wole, qui n'a pas quatre ans, suit un défilé militaire jusqu'à l'autre bout de la ville et se montre capable de s'expliquer avec un administrateur blanc alors qu'il n'en a jamais rencontré, nous reconnaissons un certain modèle, celui de la précocité, souvent annonciatrice de génie. Cette précocité reste la toile de fond des souvenirs de la façon dont Wole s'insère dans la vie institutionnelle et sociale : il entre au lycée d'Abeokuta bien avant d'avoir 10 ans, passe les concours pour le Lycée National la première fois à 10 ans, la seconde fois, à la fin du livre, quand nous sommes sûrs d'être en août 1945, à 11 ans. Cette précocité est aussi un projet parental et surtout paternel, mais elle reste structurante de l'histoire de Wole. On la voit à l'œuvre aussi, mais de façon beaucoup plus discrète, en ce qui concerne sa vocation littéraire lorsqu'il mentionne différents arts (la musique, les saynètes de l'école, etc.) et encore plus fortement lorsqu'on constate que Soyinka lui attribue la fascination pour les mots et pour leur sens, ainsi que la rationalité critique et l'intérêt pour l'âme humaine et son fonctionnement, qui est en quelque sorte sa patte d'écrivain. Nous renvoyons au résumé linéaire pour la chronologie de l'enfant comme futur écrivain de génie.

Un arc narratif de roman d'initiation

En parallèle au développement assez classique de l'écrivain curieux, clairvoyant, analytique, *Aké* adopte cependant l'arc narratif d'un roman d'initiation. C'est à la réalité culturelle et politique du Nigéria des années de revendication d'indépendance que le jeune citadin christianisé et urbanisé, mais complètement à l'aise dans une culture hybride, est initié. L'initiation rituelle proprement dite, effectuée par le grand-père de Wole à Isara, la ville des ancêtres paternels, a lieu après un certain nombre d'apprentissages : celui de la réalité économique et sociale de Nigérians autres que le petit garçon de la mission d'Aké, celui de l'impuissance face à la mort, vécue au travers du sort de sa sœur Folasade, celui de la puissance d'émotions dont on peut tout ignorer, comme l'a vécu Wole en perdant le contrôle de lui-même en se battant avec son frère. Dans la chronologie du livre, cet épisode se situe avant l'entrée au lycée d'Abeokuta.

La deuxième initiation est celle qui précède l'entrée de Wole au Lycée National, c'est celle à la vie politique qui a tant compté pour l'écrivain (voir la fiche biographie) ; elle est parallèle à l'entrée des femmes en force dans la lutte politique, et symbolisée par la naissance d'une petite fille en pleine révolte fiscale des femmes d'Abeokuta. Comme on l'a vu, cette révolte fut essentielle dans le développement du Nigéria vers l'indépendance, et dans le développement de l'identité de Wole (voir la fiche biographie). Wole y joue un rôle de « Messager Spécial » qui lui permet d'accéder à un autre type de discussion avec les adultes de sa vie, et d'assumer un premier rôle de « passeur » en aidant à l'alphabétisation. Il se sent en fin de livre sinon sur un pied d'égalité avec les adultes dont il a découvert les univers, en tout cas de taille à suivre son chemin quel que soit l'environnement.

2 Structure d'*Aké* : ce que signifient ses techniques narratives

L'insoutenable légèreté du temps

On constate dès le premier chapitre que la trame chronologique du récit de Soyinka ne va cesser d'être entrecoupée de digressions qui ne sont pas toujours faciles à placer dans le temps. Ce mode d'écriture transforme la trame chronologique en une espèce de basse, qui joue en sourdine et permet à Soyinka un riff en amont ou en aval selon ce qui lui paraît intéressant d'associer à l'événement qu'il raconte. Nous vous renvoyons au résumé linéaire pour les différents exemples concrets de cette méthode narrative et pour leur sens.

L'insoutenable légèreté de la mémoire

C'est un leitmotiv de la critique des genres de mémoire que de s'amuser de toutes ces conversations vieilles de cinquante ans et que le sujet ou le témoin reconstruit avec aisance et assurance « comme si c'était hier »... Soyinka, à qui journalistes et lecteurs ont pu demander des explications sur ce point à propos d'*Aké*, livre très riche en scènes dialoguées, a souvent assuré qu'il avait une « mémoire totale ».

Quelques cas bien documentés permettent d'en douter. Cela veut dire que, face à une scène dramatique et bien menée, il faut se poser la question, comme dans une œuvre de fiction, des objectifs du récit. Un exemple intéressant en est la conversation entre Beere, Daodu et Wole qui clôt le livre. Comme Powell, le directeur du Lycée National, connaissait fort bien les Kuti, il est assez invraisemblable que Daodu ait eu besoin de se faire expliquer les initiales de son nom par son neveu, même si l'on peut penser qu'il a pu ne s'intéresser que tardivement aux pratiques disciplinaires de l'établissement, ce qui reste difficile à croire.

Ce qui ressort c'est donc que Soyinka a besoin de suggérer que les interprétations de Daodu et de sa tante, qui attribuent au racisme les interdictions de poches, chaussures, slip et scoutisme en vigueur au Lycée National, sont peut-être elles-mêmes irrationnelles. En d'autres termes, Soyinka croit que Daodu pensait vraiment que les Blancs infantilisaient ces Noirs pourtant manifestement et impeccablement occidentalisés du fait de leur entrée dans l'institution même qui, d'après Daodu, va les africaniser à nouveau. Soyinka, lui, renvoie dos à dos ces accusations de racisme comme celles de progressisme et d'accès au savoir universel, au nom d'une interaction asymétrique, comme celle entre adultes et enfants. Il ne veut que retenir son accès à un « nouvel univers », au prix d'une contorsion mentale l'obligeant à s'adapter à un monde fondamentalement irrationnel.

Du fait de l'absence de documentation, il est impossible de procéder à un grand nombre d'autres analyses de ce type. Il n'est pas non plus question de voir en Soyinka un simple bonimenteur. Ce qui est intéressant, c'est de comprendre les nombreuses conversations de l'autobiographie comme des constructions qui visent un sens, ce en quoi le résumé linéaire vous aidera. Parallèlement, il est évident que les difficultés du genre autobiographique n'intéressent pas Soyinka : il envisage l'autobiographie comme outil de résurrection et d'explication d'un individu construit, achevé, et d'une époque.

3 Les personnages

La famille immédiate

Essay et Chrétienne Sauvage

Le petit Wole de Soyinka désigne ses parents par leurs surnoms, une fois ceux-ci attribués ; c'est une forme de distanciation assez étrange pour être notée, même s'il faut rappeler que dans les traditions yoroubas l'attribution de surnoms significatifs peut durer toute la vie et est le fond de la poésie d'éloge. Cela dit, dans la dédicace, l'écrivain (qui adresse ce premier tome de son autobiographie à ses deux parents) nomme sa mère Eniola avant de donner son surnom, tandis que son père est tout de suite appelé Essay. Wole semble se voir et se croire plus proche d'Essay, au moins jusqu'à ce que celui-ci ne le bannisse de sa chambre, et la figure du père est plus dans l'engagement et la discussion avec le fils que ne l'est la mère, que l'on voit toujours prompte à sortir le bâton et à corriger malgré sa compassion et sa générosité, et sa haine de la violence. C'est aussi Essay – directeur de l'école primaire d'Abeokuta, parfois appelé *HeadMaster* ou Directeur – qui est chargé du développement intellectuel de Wole, et nourrit rapidement pour lui l'ambition du Lycée National, sésame pour les études supérieures. Enfin, un court chapitre, le onzième, est entièrement consacré au père, sans équivalent symétrique pour la figure maternelle. Mais le couple est essentiellement soudé et solidaire, en particulier dans ses rapports avec ses familiers, dépendants et enfants.

La fratrie

Wole est le deuxième d'une fratrie de sept enfants. Sont présents dans *Aké* Tinu, la sœur aînée, qu'il imite et avec qui il a une relation de complicité ; Ladipo, un petit frère né peu après lui, qu'on appelle Dipo, un enfant « né avec une énergie bruyante et excessive » auquel Tinu et Wole attribuent longtemps leurs bêtises, car « il était considéré comme trop jeune pour être puni », service qu'à un moment il se fait rémunérer. Lorsqu'il devient assez âgé pour être puni à son tour, il fugue, comme d'ailleurs Wole a eu envie de le faire lui-même à cause d'une correction. À son retour, Chrétienne Sauvage annonce que son nom deviendra Femi. Wole reste convaincu que le nom d'un oncle turbulent, soldat un peu aventurier, est Dipo, et que c'est là la raison du changement. Lors d'une dispute avec son frère que Wole estime provoquée par les adultes autour de lui, Wole perd tout contrôle et doit être restreint pour ne pas le frapper au-delà du raisonnable, incident dont l'impact émotionnel le trouble longtemps, comme sa réaction à la mort de sa petite sœur Folasade. Après avoir longtemps observé sans en recevoir d'explications le comportement de ses parents autour de ce bébé qui les inquiète, Wole, à qui on montre son corps après qu'il a vu arriver un charpentier avec une petite boîte en bois, sent « tout se briser en lui ». Il en parlera même à son grand-père, lors de son initiation, qui en dira « *abami gidi* » – enfant étrange – car elle est morte le jour de son premier anniversaire.

Les domestiques et dépendants – une maisonnée de « cousins »

La domesticité est très nombreuse et c'est plutôt cela qu'il faut retenir, avec le nom de quelques serviteurs fidèles. De plus, bien des parents viennent confier leurs enfants au couple, pour leur éducation ou un besoin ponctuel. Ils habitent ensuite à la maison et donnent un coup de main. Tout ce monde dit « Man » à Chrétienne Sauvage, qui a une stature matriarcale.

Aké, les années d'enfance

(Soyinka)

carte des personnages

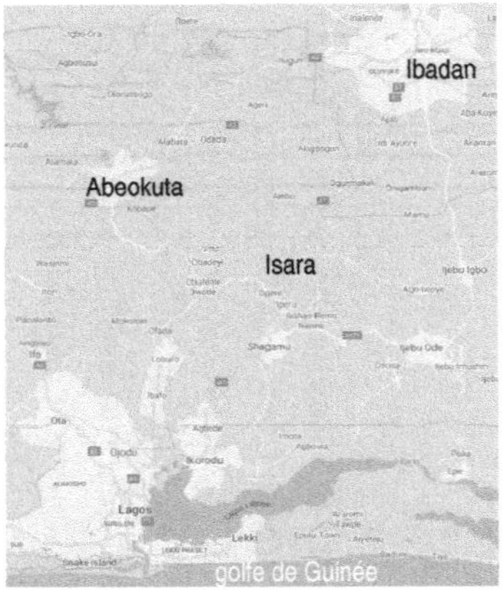

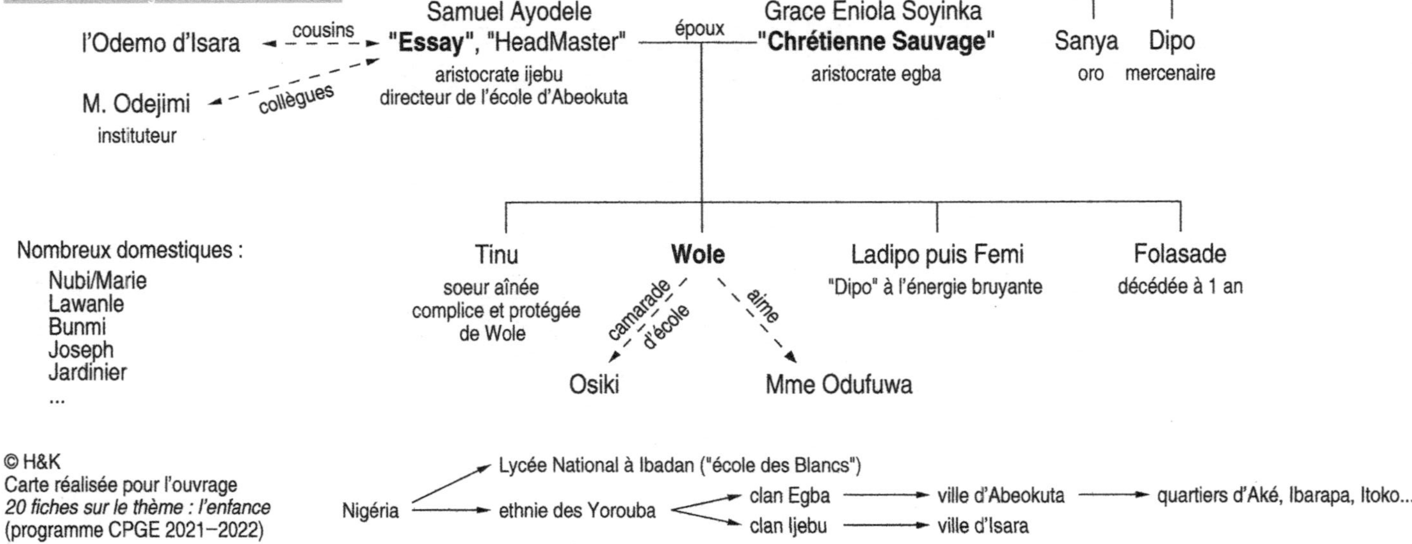

Carte réalisée pour l'ouvrage
20 fiches sur le thème : l'enfance
(programme CPGE 2021–2022)

Nubi, Lawanle, Bunmi et les non-nommés

Les bonnes vivent avec les enfants et dorment avec eux sur la natte commune, d'abord dans la chambre de Chrétienne Sauvage, puis au salon. Elles sont responsables des bains, du quotidien, de la surveillance mais ne font pas l'objet d'affection particulière et on ne sait rien d'elles au-delà de leurs tâches – sinon leur statut de converti ou non, qui peut changer leur nom : Nubi devient Marie. Elles ont cependant leur avis constant sur les enfants et se mêlent de leur éducation.

Joseph

L'homme à tout faire de la maison, Joseph est aussi chargé de tâches domestiques, comme de porter le maïs à moudre ou de baigner Wole. Il accompagne ce dernier à Ibadan lors de la première session d'examens pour le lycée, et comme les domestiques femmes il a ses opinions sur les enfants et leur caractère. « J'espère que les Blancs de ta nouvelle école aime les mioches raisonneurs » dit-il ainsi.

Jardinier et autres subalternes

D'autres domestiques n'ont pour nom que leur fonction. Il y a parfois confusion d'ailleurs entre ce nombreux personnel et certains amis, voisins, dépendants, cousins distants ou collaborateurs : c'est un peu l'intérêt de ce monde foisonnant, même s'il n'est pas vraiment organisé en une vision sociologique. L'ensemble donne l'impression du système de patronage autour d'un pater familias romain, sinon que ce réseau s'organise autour du couple, dont les deux membres ont des réseaux en tout genre – liés à la profession, à la famille, aux nécessités domestiques. Citons pour finir M. Odejimi, instituteur et donc collaborateur d'Essay dans son rôle de *Headmaster* ou Directeur. M. Odejimi cueille sans la permission d'Essay une rose de son jardin. Essay, magnanime, lui pardonnera sa faute, à une condition : « *Lè-móo* », remettez-la. M. Odejimi comprendra qu'il lui faut passer par une bonne journée à tenir la rose sur son ancienne tige, avant d'être envoyé au lit par Chrétienne Sauvage.

La famille étendue

Daodu et Beere

Le couple formé par l'oncle et la tante de Chrétienne Sauvage fonctionne comme une version plus accomplie, ou tout simplement plus mature, du couple des parents de Wole. Daodu n'est pas simplement directeur, mais proviseur ; il n'est pas simplement à l'écoute de Wole, il s'intéresse vraiment à lui, le fait parler, accepte qu'il ne soit pas d'accord même quand le garçon touche à des croyances qui lui sont chères, comme la valeur de la punition corporelle. Wole le compare à Winston Churchill pour sa volonté et son charisme. Il développe aussi une véritable complicité avec Beere, qui se voit surtout lors du dernier chapitre :

c'est eux qu'il met en scène veillant sur son départ au Lycée National au moyen d'ailleurs d'une cachotterie qui vise une des marottes de ses parents. Ces derniers refusent en effet par principe que les enfants portent des chaussures ; Beere, en parfaite connaissance de cause, lui en promet une paire s'il obtient sa bourse, et tous deux complotent de cacher ce cadeau à ses parents en ne les portant qu'au lycée. Peu importe que le plan capote lorsque Daodu leur apprend gravement que les élèves ne portent pas de chaussures (ni de slip) au Lycée National : Wole a appris à créer des complicités et à partager de l'humour et de l'ironie en dehors du cercle familial. Il s'est aussi donné des modèles plus impressionnants encore que ses propres parents.

Père

Cela n'empêche pas le grand-père paternel d'avoir un rôle fondamental dans l'identité de Wole, puisqu'il lui explique, là encore dans une certaine mesure en marge, en plus, en distinction de ses parents, que « [l]e monde est plus vaste que le monde des chrétiens, ou que le monde des livres ». La déférence de la famille d'Isara envers « Ayo », le « Maître », c'est-à-dire « Essay », n'empêche pas Père d'être très sûr de son expérience humaine et de son savoir, qui lui permet, sans que la famille urbanisée ne s'en rende vraiment compte, de « veiller sur [eux] », et sa compréhension des réalités africaines et humaines lui permet de léguer à son petit-fils la volonté, comme le dieu yorouba Ogun, de se battre. Alors que son petit-fils craint pour Père qu'il ne puisse échapper « à l'assaut des forces d'Aké lorsque celles-ci se refermeraient sur lui », c'est Père dont la connaissance pragmatique de la réalité nigériane et humaine semble se transmettre à son petit-fils et lui permettre de prendre ses distances avec le monde d'Aké. C'est une autre hybridation ici chez Wole, entre l'ancien et le nouveau plutôt que le chrétien et le yorouba.

Les Odufawa et les amours de Wole

Wole a l'intention, en tout cas jusqu'à la révolte des femmes (voir résumé linéaire), d'épouser quand il sera grand la femme de son parrain, Mme Odufawa. Elle est en visite à la mission et concourt certainement à l'émotion de Wole le jour où il écrase Dipo ; en tant qu'épouse de la maison elle ne peut appeler les enfants nés avant son mariage par leur nom et leur en donne d'autres, Lagilagi ou fendeur de bûches pour Wole, Almani (allemand) pour Dipo.

Oncles divers du côté maternel

Parmi les autres et nombreuses figures familiales frappantes qui peuplent l'autobiographie de Soyinka, mentionnons les oncles maternels excentriques, rebelles à toute christianisation, urbanisation, Sanya, l'*oro* qui communique avec les esprits des forêts et a toujours le plus d'escargots, de champignons, Dipo, élégant soldat mercenaire dont Chrétienne Sauvage refuse en fait de dévoiler le nom et qui disparaît aussi vite qu'il est venu.

Tantes diverses du côté paternel

Du côté paternel ce sont plutôt des tantes qui se manifestent : en grand nombre, il les reconnaît à Isara pour les avoir vues dans la cour de la mission d'Aké, réfugiées pour la nuit avant d'aller vendre leurs produits sur les marchés et de refaire les soixante kilomètres à pied vers les fermes de famille qui les nourrissent. Pauvres, travailleuses, vêtues de tissus indigo qui déteignent, elles préfigurent les femmes dont la révolte fiscale va marquer l'enfant et clore le livre.

Les visiteurs

Les amis de la famille

Essay est entouré d'un grand nombre d'amis divers, qui viennent discuter théologie ou politique avec lui. Parmi, eux, le libraire, dont Wole estime qu'il vient surtout pour échapper aux caprices de sa fille *àbikú*, Bukola. D'autres font l'objet de vignettes occasionnelles, d'autres restent anonymes ; tous dessinent un collectif de sociabilité masculine dont une des caractéristiques est de venir manger et boire. Chrétienne Sauvage constatera chez son fils jeune enfant le même type de sociabilité généreuse lorsqu'à ses débuts à l'école il ramène ses amis manger à la maison sans jamais prévenir.

Chrétienne Sauvage a aussi un grand nombre d'amies qui passent tout aussi facilement, comme Mme B., la femme du libraire et mère de Bukola, qu'admire Wole pour la douceur et la gentillesse qu'elle témoigne envers tous les enfants, du fait peut-être de ne pouvoir être sûre d'amener à l'âge adulte sa fille unique.

Les êtres d'un autre monde (voir le résumé linéaire)

- Bukola l'*àbikú* ;
- *oros*, *egúngún*, les femmes du marché et autres esprits ;
- les revenants pour de vrai : Monseigneur Crowther, la carcasse de voiture, l'envoyée d'Atupa Parlour.

Les collectifs (voir le résumé linéaire)

- Les camarades de classe ou d'examen ;
- les femmes d'Abeokuta ;
- *ogbonis* et autres groupes secrets.

4 Aide-mémoire de la langue yorouba

4.1 Les hommes

Yoroubas	ethnie du sud-ouest du Nigéria
Egba, Ijebu	deux clans ou sous-ethnies yoroubas
Odemo	titre des rois traditionnels yoroubas
Oba	titre des chefs traditionnels yoroubas
Alake	titre du roi traditionnel egba d'Abeokuta
ogboni	membres d'une société secrète egba chargée de pouvoirs exécutifs
ajele	administrateur colonial (blanc), *District Officer*
aróso	femme portant le pagne
oníkaba	femme portant une robe
omo	enfant

4.2 L'autre monde

àbikú	enfant qui naît, meurt, renaît en cycle continu
orisa	dieux yoroubas
Ogun	divinité symbolisant la force
egúngún	esprits des morts figurés dans des cortèges masqués
ghommides	génies des arbres
oro	esprit de la forêt
iwin	esprit des bois qui vit également sous terre
juju	magie traditionnelle yorouba
sàarà	nourriture donnée en offrande aux esprits

Résumé d'*Aké*

L'écriture de Soyinka procédant par association poétique, nous passerons un peu de temps au début à montrer la mise en place de certains thèmes essentiels ; il devient plus facile par la suite d'en suivre la trame chronologique.

Chapitre I

Soyinka débute avec les lieux de son enfance, la mission d'Aké, c'est-à-dire le domaine de l'ancien évêché anglican de la ville d'Abeokuta dans le quartier central de la ville, proche aussi de la résidence royale des chefs traditionnels. Il évoquera un peu plus loin les changements dans ce lieu depuis son enfance, en une méditation sur le temps d'alors et le temps de l'écriture qu'il répète aux chapitres V et X : « Il est arrivé malheur à la mission d'Aké. »

C'est un lieu chrétien dans une terre « impie » ; dès le début l'auteur s'étonne que le Dieu chrétien, situé aux cieux, soit donc « au faîte de la colline » impie d'un autre quartier, Itoko. Le narrateur adulte donne à son narrateur enfant un esprit raisonneur, littéral, curieux. Il juxtapose deux univers de croyances, l'un chrétien de langue anglaise, l'autre local dans une langue aux sonorités toutes autres, comme le signalent les noms de lieu. Il insiste aussi sur un univers sensoriel varié, le visuel passant au sonore puis, lorsque Soyinka se glisse dans le Verger, aux odeurs, au toucher, enfin au goût. Notez le contraste joueur entre le grenadier aux rares fruits délicieux, importé par les Blancs, et le fruit de la passion, espèce locale apte à symboliser une chrétienté n'attendant qu'à être révélée, puisque la Passion est le nom donné à la crucifixion, mort, et résurrection du Christ, mais dont le fruit est « une chose jaune toute effondrée comme le visage des vieux et des vieill

On entre donc dans un univers d'hybridation culturelle qu'illustre le choix d'une longue description du Verger, médiatisée à la fois par les textes bibliques et par la réalité africaine. Mais l'auteur refuse au Verger le nom de jardin, évocateur du paradis chrétien comme de l'exotisme. De ces jeux culturels et linguistiques, le narrateur passe à des anecdotes, qui là encore s'ingénient à souligner l'hybridation de l'imagination de l'enfant. La voiture (occidentale) pourrit et se transforme en visage dont les orbites vides font écho au fantôme de Mgr Crowther (premier évêque anglican noir), occupant du lieu quatre-vingt ans auparavant, avec son visage aux yeux exorbités tombés dans son boîtier de montre.

L'évocation de ces anciens habitants permet de revenir vers de premiers souvenirs, et là encore l'auteur juxtapose des réalités différentes. Il se rappelle sa mère, chrétienne, élevée par son propre grand-père, J. J. Ransome-Kuti, racontant que son frère était *oro*, un esprit des forêts, et que son grand-père négociait sans problème avec ces créatures. L'enfant qu'a été le narrateur se dessine encore plus clairement : questionneur, insistant, portant une grande attention aux détails, avec une tendance à rapprocher des phénomènes semblables, même si on les lui présente comme séparés. En effet, pour le jeune Wole, l'évêque aussi était *oro* ; l'auteur interrompt la conversation pour rappeler qu'il fut alors emmené au bain.

L'adulte écrivain apparaît en filigrane : il a une mémoire infaillible dans la reconstruction des conversations et des souvenirs, et les questions de mémoire, de fiabilité, ne l'intéressent pas. L'adulte narrant n'est jamais assailli par le doute sur sa pratique : ses souvenirs constituent vraiment la réalité de son enfance. Apparaît une autre marque distinctive de sa méthode narrative : l'intégralité de ce dont il se souvient au moment de la narration trouve sa place au moment qui le lui rappelle ; ici il y a suture, puisque Soyinka nous dit que « [p]lus tard ce soir-là, Maman nous raconta le reste de l'histoire » ; mais bien souvent l'auteur passe sans prévenir d'un souvenir à un autre, et ce sera à vous de comprendre le lien.

Le problème des *oros* finit sur une cérémonie qu'on ne peut que rapprocher d'un exorcisme, pratiquée par une « convertie de J. J. » dans la poursuite du syncrétisme de rigueur. Il apparaît surtout qu'il faut des festins abondants et délicats pour apaiser les esprits et les humains.

L'auteur fait ensuite une excursion pour présenter les marques concrètes du pouvoir matériel et militaire colonial. Là encore, la méthode de présentation passe par des jeux linguistiques attribués à la curiosité de l'enfant qu'il fut. En effet, l'enfant s'étonne d'un des titres, *Canon* en anglais, du chanoine de l'église Saint-Pierre. L'enfant s'explique ce titre par la ressemblance entre la tête du chanoine et les boulets empilés à côté des canons de la RÉSIDENCE du côté d'Ibara, le quartier du lycée d'Abeokuta où vit l'oncle de la mère de Wole ; cette résidence est en fait le signe de la présence coloniale dans la ville : elle est « de toute évidence » habitée par un blanc, et surtout armée. Le jeu de mots d'enfant attire l'attention sur une réalité politique que, d'un même mouvement, il minimise.

La fin du chapitre va encore tresser ces différents éléments : le narrateur se souvient de Bukola, la fille du libraire, qui peut s'évanouir à volonté, à la grande frayeur de ses parents. Dans les traditions yoroubas, une catégorie d'enfant, dite *àbikú*, « naît, meurt, renaît et meurt à nouveau en un cycle continu », et explique qu'une famille puisse ne jamais réussir à mener un enfant jusqu'à l'âge adulte. Le jeune Wole se rend compte que Bukola peut manipuler ses parents, tant sa mère, à la gentillesse infinie envers tous les enfants, que son père.

Soyinka, en somme, met en scène un enfant qui ne croit pas au surnaturel car il en lie les manifestations aux passions humaines ou à des réalités qui pourraient être étudiées ; un enfant aussi pour qui un héritage culturel et linguistique double n'est pas un problème, mais une donnée. Le cadre est posé.

Chapitre II

Les anecdotes se multiplient : Wole, qui veut aller à l'école comme sa sœur aînée, l'y suit en revêtant ce qu'il pense « ressembler le plus aux uniformes [qu'il] avai[t] vus » et en attrapant un paquet de livres de son père. Il n'a pas trois ans mais se fait accepter par le maître. Il s'y fait ses premiers amis, autour de goûts partagés pour certains aliments, dans ce cas l'*iyan*, ou igname pilé, notamment Osiki, qu'il admire pour sa rapidité. Osiki est responsable d'un premier accident, de balançoire, qui blesse le petit Wole à la tête et lui fait perdre beaucoup de sang : il imagine que ce sang, qui a imbibé son vêtement de fête, doit lui être restitué pour qu'il aille bien ; son père l'assure « avoir tout remis dans [s]a tête ». Deux motifs se font jour : la nourriture, et une sensibilité très pragmatique autour de la tête, du sang, de la santé.

Wole va aussi ramener des amis de l'école pour ses trois ans, s'attendant à ce que son anniversaire soit fêté sans autre action que d'être ce jour-là, ce qui se passe lorsque sa mère comprend, en rentrant de son magasin, ce qu'il attend. Mais il reste déçu. Son ami Osiki se révèle être un pratiquant assez expert des rites des esprits des morts, ou *egúngún*, et Wole continue de poursuivre sa curiosité dans ce domaine, comparant les vitraux de saint Pierre et saint Paul aux figures masquées des processions d'*egúngún*, au grand mépris de sa sœur, pour qui ces figures, malgré leurs robes (vêtement des Africains traditionalistes), sont bien chrétiens. Mais Wole scandalise tout autant son ami animiste en suggérant qu'il pourrait rencontrer son propre *egúngún* sans masque, à visage découvert. Le chapitre termine avec un deuxième accident sanglant : alors que les enfants fauchent l'herbe de l'école, mais que lui se contente de jouer autour, la faux d'Osiki lui fend la peau jusqu'au coin de l'œil. Entre le sang et la panique, tout le monde le croit d'abord aveuglé et défiguré, devenu lui-même un masque d'esprit des morts ou *opidan*, avant qu'on constate que la blessure n'est pas si terrible, dans un soulagement généralisé qu'on rapporte cette fois à « l'œuvre d[u] Dieu » chrétien.

Chapitre III

Wole est soulevé une première fois au sommet d'une échelle en fer adossée au mur et peut prendre la mesure de la géographie des lieux, de la place de la mission au sein de son quartier. Cela lui permet surtout de repérer le portail, et lorsque plus tard il entend des exclamations indiquant qu'il se passe quelque chose dehors, il lui suffit de frapper pour qu'on lui ouvre de l'extérieur. Il s'agit d'une fanfare militaire, que Wole suit.

La fanfare le conduit d'abord devant des lieux qu'il a appris à repérer : ainsi la librairie. Mais ensuite les bâtiments ne sont plus reliés au mur de la mission, sans que cela décourage Wole de continuer. Il découvre une succession de boutiques, le photographe, qu'il connaît pour l'avoir vu chez eux, des réparateurs de bicyclettes, le moulin à maïs dont il connaît les produits mais pas la complexité de préparation, la maternité d'une Mme Makota dont il comprend qu'elle s'appelle en bon écossais McCutter, le commissariat, une couturière, chaque boutique donnant lieu elle-même à d'autres associations de souvenirs, comme le tuba de la fanfare qui lui rappelle le phonographe familial (le petit Wole avait donc chez lui en 1938 les mêmes objets que les familles aisées en Occident). Un panneau lui permet de savoir dans quelle direction se déplace la fanfare, car Ibara est un des lieux où il a de la famille. Auparavant, un marché le fascine par la simple masse de produits qui s'y exhibe, il s'y arrête avant d'être effrayé par les vendeuses de remèdes et de sorts traditionnels, qui l'envoient, ou envoient l'auteur adulte dans une autre réminiscence, sur les purgations régulièrement administrées à la maison. En rejoignant le défilé, il reconnaît le lycée d'Abeokuta, fief de son grand-oncle maternel et surtout l'endroit où il ira après l'école primaire ; là encore, il part sur des associations d'idées qui le conduisent de la différence entre le lycée et l'école dirigée par son père où il est scolarisé à celle entre un directeur et un proviseur, à l'accident de moto de son grand-oncle le proviseur suivi de son achat d'une automobile, la troisième du district.

Tout cela l'amène dans une concession qu'il croit dirigée par un albinos, avant de comprendre qu'il s'agit d'un Blanc, du fait qu'il porte des chaussures. Wole se rend alors compte qu'il n'a aucune idée d'où il est ; la conversation qui suit est typique d'échanges culturels où chacun est de bonne volonté mais juge les autres incompétents. Le Blanc veut parler yorouba à Wole qui, épouvanté par son accent, répond en anglais à la grande surprise de l'officier, dont l'accent nasillard rend l'anglais difficile à comprendre pour l'enfant. Les quelques explications que Wole donnent sur son origine suffisent à ce qu'on puisse le ramener chez lui, non sans que l'enfant ait remarqué, et dit à l'officier blanc, qu'il reçoit le même hebdomadaire que son père. Rendu chez lui, il dormira et mangera sans trop comprendre la gaieté provoquée par son retour, ni même l'absence de punition corporelle dont on le menace d'abord. Wole a l'exploit modeste. Retenons l'équipée – il a quatre ans – et le jeu d'association de souvenirs attribués à l'enfant à ce moment : la découverte de l'univers de la ville et le sentiment d'égalité, cependant légèrement décalée, produite par la rencontre avec l'officier blanc.

Chapitre IV

Le rituel très important du bain, à un moment où Wole comme sa sœur veulent le prendre seuls, conduit des généralisations de sa mère sur la haine de Wole pour l'eau à des discussions avec son père fondées sur la Bible, discussions qui font dire à Chrétienne Sauvage, dont les préoccupations sont hygiénistes, « [m]ais mon chéri es-tu sûr qu'il peut comprendre toutes ces discussions que tu lui accordes ? », condescendance dont Soyinka se souvient encore. Une autre preuve de l'intérêt qu'Essay lui porte se trouve dans le soin mis à le déshabituer de se mouiller les lèvres machinalement en passant devant le Lave-Mains. Il se demande si ce geste automatique était bien utile si sa cause n'était que le temps sec de l'harmattan. En même temps, sans en avoir l'air, ce souci de l'empêcher d'avoir des tics, rapproché dans le même chapitre de l'attention aux bains, de l'horreur de Chrétienne Sauvage pour la GOURMANDISE (alors qu'elle se garde les restes des bons morceaux du déjeuner pour son casse-croûte au magasin), de l'importance attachée à ce que Wole se rende tout le temps utile, et finalement du refus d'Essay de donner du travail à un homme, Adesina, « à qui on ne peut pas confier une caisse », soulignent une certaine austérité, pour ne pas dire le puritanisme et l'éthique de travail toute protestante, des parents de Wole.

Chapitre V

Soyinka revient sur l'effet du temps et la perte de l'enchantement des éléments les plus « intimes » de son environnement, et montre que ce processus a démarré dès son enfance : ainsi un rocher qu'il considérait comme son refuge personnel est choisi par la maîtresse de l'École du dimanche pour représenter la baleine Jonas et passe « pour toujours » de « confident incomparable » à « réalité biblique ». Un goyavier a un rôle semblable. On découvre l'importance de la « Température » dans la vie des enfants Soyinka ; la possibilité constante d'être battu, déjà suggérée à la fin du chapitre III, devient précise. Soyinka mentionne pour la première fois la ville d'origine de son père, Isara, « à plusieurs pas en arrière dans le passé » ; sa méditation sur les « chevrons de la demeure d'Isara [...]

si nu[s] et pourtant si plein[s] de surprises [qu'on y rangeait], alors que le plafond de notre maison [...] bien que scellé, était [...] dépourvu de mystère » le conduit à se rappeler avoir déclenché accidentellement la carabine à air comprimé de son père, faisant un trou dans ce plafond ; la carabine elle-même rappelle les parties de chasse avec son père, mais il s'agit surtout d'illustrer la « rêverie ou la rumination » constante du Wole enfant. En fin de chapitre, Soyinka tresse ensemble ses souvenirs en évoquant la fois où il a détruit lors d'un moment de rêverie éveillée un des rosiers préférés de son père, malgré l'honneur que représentait le fait de le lui avoir confié, et la façon dont ce même Essay avait puni un des maîtres d'école pour avoir cueilli une rose sans autorisation. Le mot de la fin concerne Wole, dont la mère dit : « Il faut absolument faire quelque chose avant que tu ne te tues ou que tu ne mettes le feu à la maison. »

Chapitre VI

Wole partage la chambre de son père ; il est convaincu qu'une alliance secrète avec lui le protège des exigences de sa mère, mais ce privilège cesse un jour. On l'envoie coucher sur la natte communale dans la chambre de sa mère, chambre qui sert aussi de réserve, et où dorment les domestiques et les enfants confiés ou abandonnés à ses parents pour leur éducation. Le petit frère de Wole, Dipo, mentionné en passant au chapitre III, prend consistance : il le rejoint la nuit, ce qui est un prétexte pour maintenir Wole dans la chambre de sa mère. La nuit, cette chambre devient un véritable champ de bataille de corps dans divers états d'agitation, et tous les réveils sont marqués par l'identification de l'auteur d'un pipi nocturne.

Ce pipi nocturne conduit Wole à décrire un rite de punition publique dans les rues d'Abeokuta : les cortèges assemblés pour faire faire le tour de la ville à tous ceux qu'on pense coupable d'un défaut, d'un délit ou d'un crime en les moquant de chansons et en les battant. La femme du libraire, qui pour une fois fait l'objet de critiques de la part de Wole, fait ainsi humilier une de ses domestiques, incontinente, jusqu'à ce que Chrétienne Sauvage lui intime de laisser aller la jeune fille. S'ensuit une discussion sur l'efficacité de telles méthodes pour enrayer les comportements indésirables, et le chapitre se conclut par une anecdote illustrant la même problématique mais en la centrant sur la vie de Wole. En effet, il a découvert une boîte de lait en poudre, reste de la nourriture de son petit frère, et y puise avec gourmandise. Cela lui vaut une raclée magistrale de sa mère, appuyée par son père. Il n'arrive pas à l'éviter alors même qu'il avait prévu de fuguer, surtout qu'il est sûr maintenant qu'il a aussi été banni de la chambre de son père pour le punir ; la nuit même, il récidive. Autant pour les punitions humiliantes et corporelles.

Chapitre VII

Ce chapitre est consacré au CHANGEMENT, dont Wole enfant apprend qu'il affecte tout le monde, et donc qu'il doit l'affecter aussi ; mais il a de la peine à se rendre compte de ce dont il s'agit. Il revient sur les changements opérés par l'arrivée de son frère, qui ne le frappent pas tant que cela ; il avait quand même remarqué que sa mère avait « gonfl[é] ». Puis les changements domestiques, notamment le fait pour la maisonnée de quitter la chambre de Chrétienne Sauvage la nuit, pour dormir au salon. L'arrivée d'une petite sœur, Folasade, en est encore un, qui dure ; ce CHANGEMENT devient cependant l'histoire de la maladie de cet enfant, que Wole, comme ses parents, essaye de s'expliquer. Une servante est accusée d'avoir fait tomber le bébé, Wole la surprend plus tard pleurant et elle finira par partir. Le bébé va de nouveau à l'hôpital puis meurt. Convoqué avec sa grande sœur pour voir le bébé, Wole « [s]e mi[t] à hurler » : « tout se brisa en moi », alors qu'il a jusque-là essayé de comprendre calmement, observant parents, bonnes, conversations furtives, allers et retours. Mais il n'y a pas plus de CHANGEMENT en lettres capitales après cette mort, survenue le jour de son premier anniversaire, qu'avant.

La fin du chapitre est consacrée à un autre grand tumulte émotionnel de la vie de Wole : une raclée administrée à son frère Dipo. Les moments qui conduisent à cet incident, où Wole perd tout contrôle, sont détaillés : Wole est à la fois très préoccupé par Mme Odufuwa, la femme de son parrain, qu'il admire car elle loue la capacité de Wole à s'occuper des roses et le taquine sur son caractère rêveur, par opposition à l'énergie de son frère. Il entend sa mère et le domestique Joseph douter de sa capacité à battre Dipo, puis Nubi, une des bonnes, encourager Dipo à l'attaquer. Il se montre incapable de s'arrêter de rosser son frère, qu'il adore pourtant, une fois que ce dernier l'a effectivement attaqué. Cet incident reste en lui des années plus tard comme exemple d'un moment où ce sont en fait ses « bourreaux » adultes qu'il a voulu détruire, avec leurs ordres et paroles contradictoires.

Chapitre VIII

On installe l'électricité chez les Soyinka, et Essay fait semblant d'être Dieu et de convoquer la lumière. La radio remplace le phonographe, les disques disparaissent, la famille se met à écouter des pièces radiophoniques, ce qu'on comprend car Wole les compare aux « saynètes que nous jouions parfois à l'école » ; manière pour l'auteur de signaler discrètement la précocité de ses intérêts littéraires. Mais ce sont surtout LES NOUVELLES qui deviennent l'objet d'un culte bientôt dominé par les informations sur Hitler et la guerre. Cette dernière affecte marginalement Abeokuta, Lagos et le Nigéria ; elle occasionne surtout le portrait de Paa Adatan, personnage haut en couleurs, couvert d'amulettes, qui attaque un jour des soldats de passage devant l'Aafin, le palais royal egba près duquel la mère de Wole a son magasin. Il les prend pour des alliés de Hitler. Au passage, Soyinka élargit l'univers de Wole vers le centre d'Abeokuta et présente des personnages politiques traditionnels, les *ogboni*, que l'on recroisera.

Un autre personnage pittoresque fait les frais du chapitre, un des nombreux visiteurs réguliers un peu parasites de ses parents, Moâ-même, dont la diction et le talent pour être toujours là au petit déjeuner font rire les enfants. Chrétienne Sauvage s'en débarrasse magistralement.

Chapitre IX

Ce chapitre est entièrement consacré à Isara, ville d'origine d'Essay, « le Directeur », cousin et ami de l'Odemo – c'est-à-dire le roi – où la famille se rend régulièrement pour les fêtes de Noël et surtout de l'*odun* ou Nouvel An. Le décalage entre Isara et Abeokuta est marqué par la façon dont les enfants, qui doivent rendre visite à toutes les connaissances de la famille paternelle, sont cependant dispensés de se prosterner devant les anciens, ce que de toute façon Wole explique qu'il n'aurait jamais accepté de faire, puisque le sol est couvert de déjections canines et humaines. Mais sommé par un ancien traditionaliste de le faire, il répond, usant de sa culture anglicane, « Si je ne me prosterne pas devant Dieu, pourquoi est-ce que je me prosternerais devant vous ? Vous n'êtes qu'un homme comme mon père, non ? »

Dans l'esprit de Wole, Isara est tout près, car de nombreuses parentes viennent à pied pour vendre leurs produits sur le marché d'Abeokuta et passent la nuit chez eux, à la mission. Ce séjour lui permet de se rendre compte qu'elles doivent en fait marcher plus de soixante kilomètres ; il mesure la pauvreté matérielle du lieu, ses différences de pratiques hygiéniques, la présence constante de rites superstitieux qu'on leur impose aussi de respecter, dans une certaine mesure : en effet Chrétienne Sauvage a peur de voir ses enfants empoisonnés, ne serait-ce que du toucher d'une poignée de main, du fait d'une conviction de la pratique locale de « procédés magiques ». Mais c'est aussi le lieu de la chasse et de la vie aux champs, qui sont la principale source de revenus des familles : Wole peut aller dans celui d'un ami de la famille, Broda Pupa, et ils y tuent un serpent, il se défend de piqûres de frelons. C'est le lieu d'une vie rurale, plus pratique et terre-à-terre.

Wole y est aussi initié au sens rituel du terme : après de longues conversations avec son grand-père, appelé Père, qui l'éclaircissent sur les réalités sociologiques de la scolarisation au Nigéria, celui-ci le fait venir un matin pour lui inciser les chevilles et les poignets et y insérer des couleurs diverses. C'est à la fois une mesure prophylactique et une façon de le conserver dans le clan paternel, de le marquer de ses origines ; les parents de Wole, y compris Chrétienne Sauvage, malgré l'anti-paganisme intense qui lui a valu son surnom contradictoire, sont de connivence, même s'ils sont absents. On apprend aussi que l'enfant a huit ans et demi, ce qui permet de se situer dans la chronologie du livre et de confirmer ce que le chapitre VIII indiquait : nous sommes au début de 1943.

Chapitre X

Ce chapitre constitue une boucle à partir de la figure de Sorowanke, une sans-abri, « la folle qui vivait près du manguier [...] de la place presque en face de l'église ». C'est d'abord une déploration de la transformation des odeurs et des bruits d'Aké, tant dans la mission qu'autour, sur la « Promenade de Dayesi », par l'avènement de la culture de masse globale, photos de Marilyn Monroe et autres « sonnettes made in Hong Kong », « produits d'une industrie mondiale du gâchis ». Soyinka évoque ensuite des souvenirs qui glissent de l'un à l'autre par association : d'abord sa façon de chanter pour se donner du courage contre les esprits voleurs d'enfants lorsque le soir on l'envoyait faire une course passant par la Promenade ; puis un spectacle de magie ayant opposé un magicien de type coupeur d'assistante en deux, dont la publicité signalait la formation en Inde ou en Égypte, et un Egba traditionnel, couvert d'amulettes protectrices et réticent à l'hypnose, opposition dont Soyinka se souvient comme d'une lutte à mort entre Orient et Afrique.

Ce chant nocturne, qui pour faire bonne mesure est la *Cantate de Pâques*, entendu par M. Orija, le maître de chœur de l'église Saint-Pierre, conduit Wole à chanter dans la chorale comme soprano ; il s'y rendait accompagné d'un autre nouvel initié, Edun, et le dimanche ils dépensaient l'argent de la quête en plats locaux dont Soyinka nous régale verbalement. Le souvenir d'un goût particulier le ramène alors vers sa famille, ce goût étant celui d'un plat de sa tante, Mme Lijadu, chez qui il aurait été susceptible d'avoir été envoyé lors d'une de ses sorties nocturnes à travers la ville qui le faisaient chanter au début du chapitre.

Ce goût, le *pasmenja*, relie alors Mme Lijadu à la grand-mère maternelle de Wole, même si elle habite à l'autre bout d'Abeokuta, et cette grand-mère le conduit à son grand-oncle Daodu et finalement à sa femme Beere, dont c'est la première apparition dans le livre, et qu'il croit être aussi une fille de sa grand-mère. Le plat préféré de Beere était le *moin-moin* de Chrétienne Sauvage, qu'elle envoyait chercher à Aké par ses enfants, ce qui permet à Soyinka de repasser par la Promenade de Dayisi et les gourmandises de son enfance, qu'il compare de nouveau aux produits contemporains pour finir avec les produits de beauté permettant d'éclaircir la peau ou de lisser les cheveux. Ce qui tue l'Afrique, ce n'est pas la culture, le rationalisme ou le christianisme des Blancs, c'est l'uniformisation d'une consommation insipide et facile.

Mais Soyinka n'en revient pas moins à Sorowanke et sa fin : tombée enceinte de son amant, un autre sans-abri, Yokolu, elle s'étale de plus en plus sur la place avec lui ; et alors que son ventre s'arrondit visiblement et que Yokolu disparaît, on lui brûle sa cabane, ses affaires, on lui jette des pierres dessus, des enfants dispersent le feu qu'elle se fait pour cuisiner, et elle disparaît. Est-elle aussi une figure de l'Afrique traditionnelle, ou est-ce le traitement qu'elle subit qui l'est ?

Chapitre XI

Essay semble atteint d'une grave maladie et tient des propos à son fils, qui va maintenant au lycée d'Abeokuta, qui annoncent sa mort ou son départ prochain. Wole lui-même en tombe gravement malade ; il guérit, il y a un « festival de photographie » dans la maison puis peu à peu Essay se rétablit. Ce court chapitre isole et sépare de l'ensemble une anxiété qui, peut-être, n'a pas été aussi limitée.

Chapitre XII

Wole est au L. A., environné, comme l'en avait prévenu son grand-père, d'hommes faits ; son grand-oncle est en Europe en voyage d'études malgré la guerre et son remplaçant n'est guère efficace du point de vue de la discipline : un grand élève, puni de 36 coups de baguette pour avoir mis une jeune fille enceinte, ne bronche pas lors de sa punition publique. Lorsque Daodu rentre, acclamé, arrivant « dans Aké sur un cheval blanc », auréolé de la rumeur d'exploits de résistance contre les Anglais (il aurait entre autres réclamé une université par colonie anglaise contre la proposition d'une université par zone géographique), malgré la solidarité anti-Hitler, c'est une autre affaire. Wole se confronte tout de suite à son goût pour la punition corporelle et au relatif arbitraire de son règne : l'impossibilité d'identifier et d'arracher un type de mauvaise herbe conduit aux coups, mais la défense amusante et bien argumentée d'un des grands, pourtant pris en flagrant délit de dégustation d'un poulet directorial, lui permet d'échapper à tout châtiment. Le chapitre se clôt avec Daodu faisant remarquer à sa femme, qui anime un « Groupe » de dames qui donne l'impression à Wole de surtout se soucier de jeunes filles s'étant mariées de force pour garder les apparences, que si elles veulent vraiment aider les femmes, c'est aux porteuses de pagne, ces *aróso* non occidentalisées, aux pauvres, aux marchandes, qu'elles doivent s'adresser.

Chapitre XIII

Le Groupe recrute des *aróso* et les alphabétise, là encore à la suggestion de Daodu ; Wole participe à cet enseignement. Lorsque les *aróso* cessent brutalement de venir aux cours précédant les réunions du Groupe, ou arrivent en retard, le Groupe change de nature. Les femmes expliquent : arrestations pour défaut de payer l'impôt, impôts injustes, confiscations, renvoi de responsabilité entre l'Alake et les colons blancs. Les femmes délèguent à Beere la responsabilité de demander l'abolition de l'impôt pour les femmes du district d'Abeokuta, Wole s'endort en se jurant qu'il ne paiera jamais d'impôt et le Groupe devient le Syndicat des femmes egba. Beere part à son tour en voyage d'étude en Angleterre, mais Chrétienne Sauvage, depuis son magasin, continue d'organiser les femmes ; Wole y passe le plus clair de son temps. Essay participe à la stratégie du mouvement.

Wole part à Ibadan pour passer les examens d'entrée au Lycée National, et doit y déjouer la magie, ou un ensemble de sorts et amulettes appelé *juju*, employé par des élèves de sa propre ethnie ijebu, tout en se faisant des amis parmi les autres, effrayés. À son retour il avoue à Daodu son désir d'entrer au Lycée, alors que ce dernier pense que les Blancs y détruisent le caractère des Noirs ; de même, tandis que Daodu pense qu'un des facteurs qui forment le caractère est la punition corporelle, Wole se prononce contre. Notons donc que l'enfant entretient avec son oncle des rapports d'écoute mutuelle.

La perspective du retour de Beere relance la polémique autour du Syndicat des femmes, dont les objectifs sont mis en accusation par certaines des forces politiques d'Abeokuta, qui prétendent que les femmes ne souffrent pas économiquement. Un article de journal répond point par point et sur les conseils de Daodu les femmes décident d'imprimer l'article et de le distribuer à Lagos.

Chapitre XIV

Lors de la fête au Lycée qui accueille le retour de Beere, pendant la nuit, apparaît une jeune femme nue, couverte de meurtrissures, porteuse d'une calebasse contenant un chien coupé en deux longitudinalement et couvert d'autres produits symboliques. Ce maléfice inquiétant, que les femmes attribuent à une de leurs ennemies, une souteneuse, Atupa Parlour, mais aussi à la complicité de chefs traditionnels, n'a pas de suite. La révolte continue et Wole y officie comme « Messager Spécial » entre différents lieux et responsables, tout en continuant d'enseigner à lire et écrire. Il s'éprend d'une élève, subodore le sens sexuel de certaines de ses conversations, et répète, comme au chapitre IX, qu'il pense devenir médecin.

Le mouvement prend de l'ampleur et le Syndicat des femmes egba devient nigérian, au fur et à mesure que Beere, notamment, se déplace et multiplie les pétitions. Cet élargissement est concomitant d'un développement de divers groupes nationalistes et, plus généralement, du sentiment nationaliste au Nigéria. Sans réponse en ce qui concerne leur demande d'abolition de l'impôt qui pèse sur les marchandes, les femmes d'Abeokuta décident d'aller directement chez l'Alake. On apprend que Soyinka, par sa mère, est parent de cet Alake, qui le fascine parce qu'il a dû, pour devenir roi, manger du cœur et du foie de son prédécesseur ; que la mission d'Aké soit ainsi connectée avec ce représentant le plus pur des *orisa*, les dieux yoroubas, n'est pas la moindre des surprises qu'il a ressenties.

La conversation avec l'Alake est assez constructive mais se termine avec le départ de ce dernier sans décision ; arrive alors le *District Officer*, jeune Anglais qui va s'offusquer de la présence des femmes et manquer de provoquer un drame par son manque de respect misogyne. Cependant, alors qu'un *ogboni* (un membre d'une des sociétés secrètes masculines qui servent de conseillers au roi) arrive et prend le relai du *District Officer* pour insulter les femmes et leurs demandes, il tombe raide. Les autres *ogbonis* s'enfuient, évitant à la manifestation de devenir violente. Chrétienne Sauvage aide dans sa boutique un vieil *ogboni* à se cacher, indiquant ainsi son peu d'appétit, malgré son goût pour le bâton, pour la violence. La journée se clôt symboliquement par la naissance, en pleine occupation pacifique du palais ou Aafin, d'une petite fille.

Chapitre XV

Alors que les négociations continuent (en réalité ces événements eurent lieu plus tard, après le départ de Wole), Wole reprend le fil de son histoire personnelle et de son accession au Lycée National d'Ibadan. Il passe dire au revoir à Daodu et Beere car il doit partir le lendemain passer de nouveau les examens d'entrée – il n'avait pas eu la bourse d'études l'année précédente mais est confiant de réussir cette fois. Il tombe sur Beere en train de discuter au téléphone de l'utilisation de la bombe atomique à Nagasaki et Hiroshima par les Américains avec le *District Officer*, à qui elle explique que d'autres issues ayant été possibles pour mettre fin à la guerre, la décision d'utiliser cette arme sur la population civile ne peut s'expliquer que par le racisme. C'est la première fois que ce terme entre dans le livre, et Wole ne l'accepte pas tout à fait : il englobe aussi son oncle et sa tante dans l'idée que le moment est venu pour lui « d'entreprendre les mutations mentales nécessaires pour accéder à un nouvel univers d'adultes irrationnels et à leur discipline ».

Ce mot de la fin signale ce que Wole a décidé : aucune sphère humaine ne peut se préserver de l'irrationnel ; la raison est du domaine individuel et il entend continuer de la cultiver et de la développer.

Fiches de synthèse

L'enfance, étape ou état ?

1 L'enfance, un état singulier essentialisé par l'adulte

Rousseau : fonder l'éducation sur des traits immuables

Émile se fonde sur l'observation de l'enfance comme état : ce sont ses caractères fixes – faiblesse, amoralité, absence de raison mais possibilité de connaître par les sens – qui déterminent le champ d'action du maître. La nature de l'enfance est particulière : « L'enfance a des manières de voir, de penser, de sentir, qui lui sont propres. »[1] La rupture entre l'enfance et l'âge adulte est renforcée par l'irruption de la société, l'être civil ayant quitté l'état de nature dans lequel l'enfant doit être maintenu tant que possible.

Andersen : l'enfance, incarnation de la pureté

Les personnages enfants d'Andersen ont rarement des qualités individuelles, ils se ressemblent par leur pureté, leur vertu (« Les cygnes sauvages », « La cloche », « Valdemar Daae ») ; ils sont innocents et curieux du monde qui les entoure (« Le sapin », « Le crapaud », « Le serpent de mer »). « Ce que racontait la vieille Johanne » insiste sur la gaieté de l'enfance ; la femme du tailleur y dit même que « les enfants sont une bénédiction de Dieu »[2], et la stérilité du couple espagnol d'« Une histoire des dunes » est le seul obstacle à leur félicité. L'enfance est un état presque essentialisé, sans commune mesure avec l'âge adulte.

Soyinka : l'enfance subordonnée au système de l'adulte

Dans *Aké*, l'enfant se voit assigné à une place fixe, notamment au sein du système familial. Le narrateur observe avec recul, et parfois dérision, les règles qui régissent la société des adultes, ce qui permet de définir l'enfance comme un état à part. Néanmoins, l'enfant a une vraie place dans ce système, et s'il peut déplorer à l'occasion la négligence dont il est l'objet – comme lorsque sa mère suggère qu'il n'est pas assez intellectuellement formé pour qu'Essay soutienne une discussion avec lui[3] – *Aké* est sans doute l'œuvre de notre corpus où l'enfance est le moins envisagée comme un état distinct.

---

[1] livre II [2] p. 387 [3] p. 86

2 L'enfance, étape de formation de l'adulte en puissance

Rousseau : faire un homme raisonnable

Même si l'enfance, dans *Émile*, est envisagée comme un état, il ne faut pas perdre de vue l'objectif de toute bonne éducation : faire un homme raisonnable – fin qui suggère bien la continuité entre l'enfance et l'âge adulte, envisagée ici comme étapes de l'existence. Les livres successifs d'*Émile* suivent les différentes étapes de l'enfance : à la prime jeunesse du livre I succède « le second terme de la vie » au livre II[4], dont l'incipit expose bien cette succession, en limitant l'*infans* (« qui ne parle pas ») à une période de la vie.

Andersen : figer le temps, ou dire le changement ?

Comme les enfants des *Contes*, sans individualité véritable, sont les archétypes d'un état idéalisé de l'enfance, on peut y voir un temps figé. En effet, certains enfants vieillissent sans véritablement changer : la petite gardeuse d'oies de « Chaque chose à sa place », vertueuse et persévérante, a les mêmes qualités lorsque le marchand ambulant la prend pour épouse, et les deux héros de « La reine des neiges », devenus adultes, demeurent « enfants par le cœur ». Mais d'autres personnages, que le lecteur accompagne jusqu'à l'âge adulte, suggèrent la rupture entre deux époques de l'existence : ils éprouvent le changement (la métamorphose du « Vilain petit canard »), voire la mort à venir (« Le bonhomme de neige » fond sitôt avoir goûté ses premiers moments de vie).

Soyinka : l'enfance aux origines de l'autobiographie

Soyinka ne s'intéresse qu'aux onze premières années de son existence, son projet étant de faire revivre l'enfant qu'il était pour éclairer l'homme qu'il est devenu. En cela, l'enfance est bel et bien une étape, certes perdue, en atteste le début du chapitre V : « Même le baobab a perdu de sa taille avec le temps ; et pourtant j'avais cru que ce rempart serait éternel, échapperait aux perspectives élargies d'une enfance disparue. » Ce faisant, Soyinka suggère que la continuité entre des époques marquées par le changement reste accessible à la conscience de l'enfant : il n'y a pas de rupture entre les états successifs. Au début du chapitre VII, Wole fait état des nombreux « CHANGEMENTS » qui peu à peu conduisent de l'enfance au « nouvel univers d'adultes irrationnels » (dernière phrase du livre).

[4] début du livre II

3 L'enfance, une construction de l'adulte a posteriori

Rousseau : de l'enfant à l'éducateur

Pour étudier l'enfance, et en déduire la meilleure éducation possible, Rousseau tâche de se replonger dans un âge où l'enfant n'est pas encore corrompu par la société. Pour ce faire, il fait souvent appel à ses souvenirs personnels : par exemple, la fois où il a dû rassembler son courage et vaincre l'obscurité du temple pour y chercher la Bible demandée par M. Lambercier. Le philosophe reconnaît « tirer quelquefois [s]es exemples de [lui]-même », c'est-à-dire observer l'enfant qu'il était. Ce faisant, Rousseau agit en savant.

Andersen : l'idéalisation d'un âge d'or

Chez le conteur, l'enfance ressemble à une construction a posteriori, symbole d'un âge d'or perdu pour l'adulte, en atteste l'idéalisation dont elle est l'objet. Dans « Le sapin », le petit arbre est pressé de pousser ; mais plus il grandit, plus les déceptions s'accumulent, jusqu'à la déchéance finale ; lui-même le déplore : « Fini ! Fini ! Si seulement je m'étais réjoui quand je le pouvais ! » Beaucoup de contes sont traversés par ce mythe d'un âge précieux et parfois perdu, où la poésie l'emporte sur la mort, comme dans « Les fleurs de la petite Ida » où les marguerites et les muguets y échappent grâce à la magie du bal.

Soyinka : inventer la voix du « je » narré

L'autobiographie se nourrit des regards conjugués du « je » narrant (Soyinka adulte) et du « je » narré (Wole enfant). Pour décrire ses onze premières années, l'autobiographe doit reconstruire son enfance, racontée au prisme de son regard d'adulte. Il s'agit de trouver une voix apte à souligner les contradictions de l'enfance, entre le christianisme et les croyances aux esprits, entre l'anglais et le yorouba ; l'œuvre, écrite en anglais, est parcourue des voix en langue vernaculaire qui ont bercées l'enfance. Le point de vue de l'enfant domine l'œuvre, mais celui-ci est refondé par l'adulte qui a le recul nécessaire, l'habileté intellectuelle pour inscrire sa petite histoire dans la grande – la montée d'Hitler, l'insurrection des femmes, le racisme ordinaire, l'éveil nationaliste face aux colons.

L'enfance et le corps

1 L'éveil des sens

Rousseau : être au monde par le corps

Dès le début d'*Émile*, Rousseau pose ce premier principe : « Nous naissons sensibles, et, dès notre naissance, nous sommes affectés de diverses manières par les objets qui nous environnent. » Pour cette raison, il réalise la généalogie de ce rapport aux sensations et corrige les principales erreurs des pédagogies de son époque. Alors que ces dernières tendent à occulter le rôle premier du corps, et à placer les connaissances au premier plan de l'éducation, Rousseau réhabilite le rôle essentiel des sensations dans la formation de soi, allant jusqu'à affirmer : « nos premiers maîtres de philosophie sont nos pieds, nos mains, nos yeux ».

Andersen : l'enfant, un être sensible

Chez Andersen, les enfants sont doués d'une sensibilité exacerbée. Chez eux, les sensations sont décuplées et plus fortes que chez les adultes parce que leur rapport au monde est en formation et qu'aucune médiation ne vient entraver la manière dont ils perçoivent leur environnement. Ainsi, rien qu'un petit pois peut gêner la vraie princesse ! Face à un monde qu'ils ne connaissent pas, les enfants s'étonnent de tout et sont émerveillés par la découverte de sensations flamboyantes. C'est par exemple le cas de « La petite sirène » : « Elle s'émerveillait surtout de ce que, sur la terre, les fleurs aient un parfum, elles n'en ont pas au fond de la mer, de ce que les forêts y soient vertes, et de ce que les poissons qu'on voyait entre les branches puissent chanter si haut et si agréablement que c'en était un plaisir. »[1]

Soyinka : la synesthésie à l'œuvre

Soyinka montre aussi le rôle des sensations dans le développement de l'enfant. Il insiste sur les bruits, les goûts et les odeurs de l'enfance. En grandissant, nous perdons l'intensité avec laquelle les sensations s'offrent à nous en apprenant à les dissocier. L'une des ambitions du projet autobiographique de Soyinka est de rendre compte de ces sensations puissantes parce que mêlées et c'est pourquoi il a constamment recours à

[1] p. 57

la synesthésie. Ainsi, au début du chapitre X : « Les odeurs s'en sont allées. À leur place, des bruits surtout, et même eux sont des formes tordues délirantes des voix intimes. »

2 Un corps qui grandit

Rousseau : accompagner une évolution naturelle

Rousseau a recours à une métaphore naturelle : il compare le développement de l'enfant à la croissance de la plante. Il faut savoir éduquer un enfant comme on cultive une plante ; en effet, « le développement interne de nos facultés et de nos organes est l'éducation de la nature »[2]. Il convient de laisser faire la nature et d'accompagner au mieux ce processus. Par exemple, Rousseau observe qu'« en grandissant, on acquiert des forces, on devient moins inquiet, moins remuant, on se renferme davantage en soi-même »[3].

Andersen : l'image de la métamorphose

Beaucoup de contes d'Andersen mettent en scène des personnages qui changent d'état : le faux col devient papier, le vilain petit canard un cygne et la petite sirène un ange. Andersen est très attaché à l'idée que grandir, c'est se réaliser. Les personnages découvrent l'inadéquation de leur situation actuelle avec leur être profond. Ils doivent donc lutter pour découvrir qui ils sont vraiment. Même si l'issue de ces contes peut leur être fatale et les conduire à la mort (le sapin, le moulin, le bonhomme de neige), cette découverte est la véritable résolution de l'intrigue.

Soyinka : un récit à hauteur d'enfant

Dans son autobiographie, Soyinka met en scène un jeune Wole qui se plaint d'être trop petit. Au début du chapitre III, il monte à une échelle et parcourt enfin des yeux l'espace qu'il habite. Cependant, il se perd peu de temps après en suivant une fanfare, preuve qu'il n'était pas assez grand pour parcourir l'espace que ses yeux avaient perçu. Ainsi, l'échelle devient le symbole de la croissance physique encore à venir pour l'enfant. Néanmoins, l'auteur adulte comprend que ce problème de taille est relatif. Ainsi, au chapitre V, il observe que « le baobab a perdu sa taille avec le temps », du fait de sa propre croissance.

---

[2] livre I [3] livre I

3 L'éducation par le vêtement

Rousseau : libérer le corps de l'enfant

Rousseau porte une grande attention à la façon dont on emmaillote les nourrissons au début du premier livre de son traité. C'est le début d'une critique filée dans tout le traité des vêtements. Dans une note, il évoque même les vêtements comme un possible « étouffement » : « On étouffe les enfants dans les villes à force de les tenir renfermés et vêtus. » Il propose de libérer au maximum le corps de l'enfant de ces entraves parce qu'elles le déforment : « De peur que les corps ne se déforment par des mouvements libres, on se hâte de les déformer en les mettant en presse. » Les vêtements doivent être larges et ne pas gêner les mouvements : sans quoi, ils deviennent la marque d'une culture qui veut anéantir les qualités naturelles de l'enfant.

Andersen : les vêtements qui révèlent

Pour Andersen, les vêtements aident les enfants à révéler leur nature profonde. C'est par exemple le cas dans « Les cygnes sauvages » où les cottes de mailles permettent aux princes de redevenir eux-mêmes. Les enfants apprennent qu'ils sont des signes culturels et par là qu'ils appartiennent à une société complexe. Dans « Les nouveaux habits de l'empereur », l'enfant seul est capable de déconstruire les discours hypocrites et de percer à jour la supercherie. C'est sans doute pourquoi « La petite fille aux allumettes » perd d'abord ses pantoufles puis la vie.

Soyinka : une symbolique vestimentaire

Le jeune Wole découvre très vite que les vêtements sont associés à un état social : dès le chapitre II, il choisit des vêtements qui ressemblent aux uniformes pour infiltrer l'école alors qu'il n'a pas encore l'âge d'y entrer. Au contraire, à la fin du récit, il découvre que, au Lycée National, les tenues ne sont pas celles qu'il s'imaginait : « Autrement, pas de poches, pas de chaussures... a-ah, encore autre chose, pas de slip. » Ainsi, l'autobiographie met en scène la démystification pour l'enfant de cette symbolique du vêtement. Il apprend que le langage des vêtements repose sur une grammaire complexe.

L’enfance, la maladie et la mort

1 Les adultes : entre sidération et indifférence

Rousseau : la « barbarie » du déni de réalité des adultes

Rousseau écrit à un âge marqué par une mortalité infantile terrible. Dans ce contexte, beaucoup de parents pratiquent, selon lui, une « éducation barbare », où les enfants « meurent sans regretter la vie dont ils n’ont connu que les tourments ». La plupart des adultes ne comprennent, ni l’enfance, ni sa vulnérabilité, et se désintéressent de la menace permanente de maladie et de mort qui plane sur elle. Ils sont prêts à sacrifier l’enfance à son hypothétique avenir dans le monde. C’est à eux que Rousseau écrit : « Hommes soyez humains [...] aimez l’enfance, [...] faites qu’ils ne meurent pas, à quelqu’heure que Dieu les appelle, sans avoir goûté la vie » (livre I).

Andersen : l’indifférence des adultes

Andersen aussi s’offusque de cette indifférence des adultes. Un des aspects les plus violents de « La petite fille aux allumettes », dont le personnage éponyme meurt seule, « blotti[e] dans un coin entre deux maisons », est l’insensibilité absolue des adultes qui l’entourent. Seuls les morts, comme la grand-mère qui vient finalement l’emporter au ciel, semblent s’intéresser aux mourants. Ce détachement des adultes devant la mort d’un enfant n’est pas universellement condamnable. Quand il est accompagné de tristesse, il est même parfois un acte de foi. Ainsi, dans « Une histoire des dunes », le couple de pêcheurs qui va recueillir Jørgen a lui-même perdu un enfant. Leur chagrin, adouci par la foi, est la source de leur sollicitude pour le petit naufragé.

Soyinka : le choc de l’agonie et la mort de Folasade

Dans *Aké*, si les adultes semblent indifférents aux souffrances des enfants, ils sont en revanche tourmentés par leurs maladies ou leur mort. La lente agonie puis la mort de la petite sœur de Wole, Folasade, le jour de son premier anniversaire, restera pour ses parents une épreuve incompréhensible. Wole observe, médusé, leurs vaines tentatives pour déchiffrer ce qui se passe (leurs conciliabules, les visites à l’hôpital, les soupçons qui pèsent sur la servante) et y réagir (le corset de Folasade, le renvoi de la servante, les prières de Chrétienne Sauvage). Il reconnaît aussi leur échec dans les yeux pleins « de douleur et de rage » de sa mère (chapitre VII).

2 La santé de l'enfant comme figure de la morale

Rousseau : une éducation à la santé et la force

Non seulement une bonne éducation se soucie du bonheur de l'enfant mais elle le protège autant que possible contre la maladie et la mort. Avant l'âge de raison, il n'y a pas d'autre éducation morale légitime que cette éducation à la santé : « toute méchanceté vient de faiblesse, l'enfant n'est méchant que parce qu'il est faible, rendez le fort, il sera bon » (livre I). Rousseau propose donc de remplacer l'éducation corruptrice des hommes et des livres par celle, saine et revigorante, de la nature : l'allaitement maternel, pas d'emmaillotage, la vie à la campagne, les travaux manuels, les bains froids, les exercices physiques...

Andersen : la santé n'est pas la sainteté !

Il y a au contraire chez Andersen un refus absolu de l'identification de la santé à la sainteté. C'est même tout le sens de « Elle n'était bonne à rien », où un enfant refuse de voir, comme le maire de son village le lui suggère, les souffrances et la mort de sa mère lavandière alcoolique, qui buvait pour se réchauffer, comme un signe de sa faillite morale. Il n'accepte pas que cette mort soit « une bonne chose ». Andersen s'insurge contre le bon sens bourgeois, qui fait de la maladie et de la mort un signe de faute morale chez le malade ou le mourant. Si la mort des faibles, enfants ou bons à rien, a une signification morale, c'est qu'elle nous enjoint de condamner, non ces victimes, mais le monde qui ferme les yeux ou qui les juge.

Soyinka : Entre hygiénisme, austérité et pensée magique

L'enfance de Wole est marquée par les préoccupations de son entourage pour sa santé. Le thermomètre qui mesure « la température » y joue le rôle d'un oracle, et les médicaments (qu'il s'agisse des produits chimiques occidentaux ou de concoctions locales) y sont essentiels : « malades ou non, il nous semblait qu'il nous fallait toujours prendre l'une ou l'autre médecine ; seule la périodicité variait » (chapitre III). La santé de l'enfant a deux corollaires, l'hygiène et la maîtrise de soi, que concernent beaucoup d'anecdotes : le cérémonial du bain, la question des chaussures des enfants, l'affaire du lave-mains... Lorsqu'il va à Isara (chapitre IX), Wole est d'ailleurs effaré de l'indifférence à l'égard de l'hygiène qui y règne. Chez ses parents, l'éducation éthique passe par les questions de santé, de discipline et d'hygiène.

3 La souffrance et la mort comme expériences mystiques

Rousseau : le refus du mysticisme

La mort des enfants n'est évoquée dans *Émile* que comme une terrible réalité naturelle aggravée par le comportement des adultes, qui ne protègent pas les enfants du malheur de mourir « sans avoir goûté la vie ». Elle est le repoussoir qui explique le genre d'éducation qu'il faudrait éviter. Elle est aussi ce que combat, le plus possible, la bonne éducation. Mais en elle-même, elle n'intéresse pas Rousseau. L'enfant vit tout entier « ici et maintenant ». Il n'y a aucun mysticisme enfantin chez Rousseau.

Andersen : mort et triomphe de l'imagination enfantine

Chez Andersen, au contraire, la maladie et la mort des enfants ont une valeur métaphysique essentielle. En réalité, assure Andersen, la petite fille aux allumettes n'est pas morte seule et misérable. Elle est morte dans la splendeur de ses visions du paradis, emportée dans les bras de sa grand-mère, consciente d'entrer dans une dimension où « il n'y avait plus, ni froid, ni faim ni angoisse ». Chez cet auteur chrétien, l'enfant mourant est une figure christique : un scandale absolu qui devient miraculeusement le signe de la prodigieuse éternité promise à tous.

Soyinka : sagesse et souffrance

Chez Soyinka, c'est moins l'expérience de la mort que son anticipation dans la souffrance qui a une dimension spirituelle. Wole ne cesse de se blesser en jouant, de perdre conscience, de se couvrir de sang, mais ces expériences sont présentées comme des signes de son esprit d'aventure. À Isara, chez son grand-père, Wole subit une épreuve initiatique traditionnelle à la veille de laquelle il évoque ses larmes à la mort de Folasade. Ses poings et ses chevilles sont entaillés. Cette expérience inscrit dans sa chair la leçon selon laquelle la vie est une bataille. « Où que tu te trouves, ne te sauve pas du combat », conclut son grand-père.

Les lieux de l'enfance

1 Le monde de la nature

Rousseau : l'enfant sauvage

La thèse de Rousseau dans *Émile* est tellement originale qu'il est difficile de trouver un lieu propice à cette éducation par la nature : « Mais où placerons-nous cet enfant pour l'élever ainsi comme un être insensible, comme un automate ? Le tiendrons-nous dans le globe de la lune, dans une île déserte ? »[1] Pour mieux expliquer ce qu'il appelle la nature et qu'il conçoit comme lieu de sa pédagogie, Rousseau oppose le paysan et le sauvage : « Il n'y a rien de plus lourd qu'un paysan, ni rien de plus fin qu'un sauvage. »[2] En effet, si le paysan vit près de la nature, il se contente d'imiter d'autres hommes alors que le sauvage vit vraiment au sein de la nature. C'est pourquoi la fin du deuxième livre se consacre à l'éveil des sens : « nos premiers maîtres de philosophie sont nos pieds, nos mains, nos yeux ».

Andersen : une nature ambivalente

Chez Andersen, la nature peut s'avérer dangereuse ou rassurante. Dangereuse parce que l'enfant n'est pas armé pour faire face à ce qui s'y trouve, rassurante parce qu'elle peut proposer un refuge quand il n'est plus possible de rester chez soi. « Le vaillant soldat de plomb » vivait tranquille à l'intérieur ; à l'extérieur, la pluie, les rats ou les poissons sont des dangers. En revanche, pour le forçat d'« Une image vue depuis le rempart de la citadelle », l'enfermement n'est tolérable que grâce à ce qu'il perçoit de la nature : rayon de soleil, chant des oiseaux. L'enfant ressent les dangers et les qualités de la nature : une dualité qu'incarne l'alliance de la bergère (proche de la nature) et du ramoneur (métier citadin).

Soyinka : l'éveil des sens

Cet éveil des sens, thématisé chez Rousseau, devient éveil de soi par les sens chez Soyinka. Son éloge d'aller pieds nus évoque la fin du roman de Soyinka, où l'enfant se souvient de s'être plaint de l'absence de chaussures. L'enfance se caractérise par un corps en rapport direct avec

[1] livre II [2] livre II

la nature ; grandir, c'est perdre ce contact privilégié. Ainsi, les souvenirs de l'autobiographe passent, dans une approche phénoménologique, par les différents sens (boire du « jus de citron », « brouhaha de voix que j'entendais autour de moi », « je sentis l'immense étendue du lit », « reconnaissant facilement les lieux à leur odeur d'*ori* et de camphre »[3]) ou par synesthésie[4].

2 Ville et village : un lieu pour se construire

Rousseau : éloge du village

Parce qu'il faut rester au plus près de la nature, Rousseau dénigre l'éducation en ville : « Deux écoliers de la ville feront plus de dégât dans un pays que la jeunesse de tout un village.[5] » En gardant l'enfant dans un village, on s'assure qu'il trouvera toutes les ressources nécessaires à son éveil, à satisfaire sa curiosité, à entreprendre les démarches qui lui permettront de s'émanciper : « Au village, un gouverneur sera beaucoup plus maître des objets qu'il voudra présenter à l'enfant ; sa réputation, ses discours, son exemple, auront une autorité qu'ils ne sauraient avoir à la ville. »[6]

Andersen : le monde des grands

La ville est, chez Andersen, un lieu où l'enfant n'a pas vraiment sa place, un monde fait pour les adultes : il est trop grand et l'enfant est comme écrasé en son sein. La ville n'en reste pas moins un lieu essentiel dans certains contes, car c'est aussi le lieu où on peut apprendre tous les pans de la vie sociale. « La petite fille aux allumettes » en fait les frais : son être est fait pour la nature, comme le montre qu'elle perd ses pantoufles et va « pieds nus » comme Wole. Perdue dans la ville, incapable de faire commerce, elle ne peut que s'éteindre. C'est peut-être aussi pourquoi une histoire est entièrement consacrée à une « clef » magique. La clef ne symbolise-t-elle pas le passage d'un monde à l'autre ?

Soyinka : (re)visiter Aké

Dès son titre, l'autobiographie se focalise sur des lieux chargés symboliquement qui permettent à l'enfant de grandir et de mieux appréhender le monde des grands. L'œuvre joue des échelles : c'est parfois la ville d'Abeokuta, parfois seulement la mission d'Aké, présentée comme une ville dans la ville, et puis le regard se focalise sur ces lieux chargés de symbole : l'école, l'église, la boutique, la chambre des parents... Au chapitre III,

[3] chapitre III [4] début du chapitre X [5] livre II [6] livre II

ces lieux sont précisément parcourus du regard grâce à l'échelle. Cette visite d'Aké à hauteur d'enfant à laquelle le lecteur est convié rend compte de l'immensité que revêt chaque lieu quand on est un petit homme : en suivant la fanfare, l'enfant se perd dans son désir de tout parcourir, les pieds ne pouvant refaire ce que les yeux ont fait !

3 Le monde invisible

Rousseau : la nuit et la peur forment l'enfant

La nuit est un lieu en soi, tant l'obscurité change notre perception du monde. Rousseau encourage à faire « beaucoup de jeux de nuit » et de parfaire l'éducation de l'enfant dans ce lieu privilégié qui le pousse à faire sans la vue. Enfin, la peur du noir étant caractéristique de l'enfance, Rousseau propose d'habituer l'enfant à la nuit : « Rien n'est plus capable de rassurer quiconque est effrayé des ombres de la nuit [...] Quels avantages un homme ainsi élevé n'aura-t-il pas la nuit sur les autres hommes ? [...] La nuit, ne lui rappelant que des idées gaies, ne lui sera jamais affreuse ; au lieu de la craindre, il l'aimera. »[7]

Andersen : l'onirisme enfantin

Quand la nature est dangereuse, quand la ville est inquiétante, il reste le monde des rêves. C'est là que se réfugie la petite fille qui meurt sans avoir vendu ses allumettes, qu'Ida décide de passer la nuit pour accepter la mort de ses fleurs. Le rêve est toujours réconfortant : il est une échappatoire face à la dureté du monde et c'est pourquoi on doit une fière chandelle aux « Bougies » qui dans le conte éponyme apportent lumière et chaleur à tous les enfants, quel que soit leur niveau social. Il ne faut cependant pas s'y enfermer.

Soyinka : les esprits nous entourent

L'oxymore du surnom de la mère de Wole, « Chrétienne Sauvage », atteste du syncrétisme religieux dans lequel il a grandi, où l'animisme a la part belle. Ainsi, les esprits sont nombreux et portent souvent leur nom d'origine, comme l'*èmí èsù*, démon associé au diable de la chrétienté. Le fait de partager la natte avec « le méli-mélo des corps étendus » de ses frères et sœurs fait faire au jeune Wole « les rêves les plus invraisemblables »[8] : il y a bien un monde invisible qui opère et auquel l'enfant croit.

[7] livre II [8] chapitre VI

Les personnages de l'enfance

1 Les enfants, des personnages aux multiples visages

Rousseau : un enfant idéal, mais pluriel

Jean-Jacques Rousseau reconnaît, dès le premier livre de son *Émile*, s'être « donn[é] un élève imaginaire ». Ce dernier n'en est pas, pour autant, un objet purement conceptuel, fait d'un seul bloc, mais bien un enfant dans lequel s'incarne toute la complexité de l'être humain, qui peut s'avérer, suivant les circonstances, vulnérable ou tyrannique, joyeux ou « dyscole ». Notons que le philosophe préfère que son élève soit « un esprit commun », dans la mesure où les génies s'élèvent par eux-mêmes, et riche, car « le pauvre n'a pas besoin d'éducation » [*sic*].

Andersen : un cortège d'enfants et de « grands enfants »

Les *Contes* mettent souvent en scène de jeunes enfants, ainsi qu'en témoignent les nombreux titres qui contiennent l'épithète « petit ». On remarque aussi que, même lorsque les personnages principaux sont des adultes ou des objets, qui n'ont par définition pas d'âge, ils ont des réflexions, voire des comportements enfantins, comme cet empereur qui croit que des tailleurs lui ont confectionné une étoffe extraordinaire bien qu'il ne puisse pas la voir, ou ce sapin qui ne cesse de désirer une situation différente de celle dans laquelle il se trouve.

Soyinka : la « marmaille » d'Aké

L'autobiographie de Wole Soyinka est peuplée d'enfants que côtoie le jeune auteur-narrateur, que ce soit dans sa famille particulièrement nombreuse, en classe, à l'école du dimanche ou bien même au Lycée National, dont les élèves, bien qu'adultes, se comportent de manière puérile : ces derniers sont volontiers turbulents et bagarreurs, tant et si bien qu'ils ne représentent souvent qu'une troupe indifférenciée, dont n'émergent que quelques figures notables, par exemple Osiki, son premier ami, ou sa petite sœur Folasade, enfant martyre.

2 Des éducateurs qui incarnent autant de pédagogies

Rousseau : le père, la mère et un éducateur aux multiples rôles

Au début de son traité, Rousseau décrit les fonctions respectives de « véritable nourrice » et de « véritable précepteur » que devraient remplir le père et la mère de l'enfant. Il n'en postule pas moins que son Émile est un orphelin : de fait, le gouverneur auquel il est confié est amené à interpréter toute une gamme de personnages destinés à lui fournir une éducation complète, par exemple en faisant mine de ne pas vouloir l'accompagner pour lui faire prendre conscience du danger de sortir seul. Le philosophe imagine même un dialogue, qu'il présente comme une saynète de théâtre et auquel doivent se réduire les leçons de morale.

Andersen : parents-poules, grands-parents, marâtres et pères-fouettards

Les nombreux récits qui constituent le recueil présentent une grande variété de parents ainsi que d'éducateurs : les parents ou grands-parents aimants, les éducateurs-poètes, les chiens de garde remplis de sagesse y côtoient les belles-mères acariâtres et les parents indignes ou méprisés. L'auteur donne ainsi à voir les conséquences que peuvent avoir différentes formes de pédagogie ou d'incarnations parentales sur le destin des enfants, par exemple en montrant dans « Le crapaud » qu'une éducation bienveillante n'est pas toujours couronnée de succès.

Soyinka : une parentalité étendue

De même que le village d'Aké est peuplé d'une multitude de marmots, les figures d'éducateurs ne se limitent pas, dans le roman, au couple parental constitué d'Essay et de Chrétienne Sauvage, qui incarnent deux conceptions opposées de la pédagogie. En effet, la fratrie se déplace chez d'autres adultes de la famille ou en accueille qui participent également à leur éducation, parmi lesquels leur grand-père d'Isara, véritable maître de vie de Wole. Sont également impliqués tous les membres du corps enseignant : maîtres et maîtresse d'école, ainsi que les professeurs du Lycée National. Autant de personnages différents qui contribuent, chacun à leur manière, à forger la personnalité de Wole.

3 Enfance et personnages de fiction

Rousseau : les fables et leurs personnages ne sont pas adaptés aux enfants

Si le gouverneur d'Émile est invité, comme au théâtre, à interpréter différents personnages, Rousseau préfère tenir l'élève aussi longtemps que possible éloigné de la lecture et de l'apprentissage par cœur ; selon lui, les éducateurs ont tendance à confier aux enfants des textes qui ne leur conviennent pas, comme des contes ou les *Fables* de La Fontaine. Outre que l'expression en est trop alambiquée pour de jeunes esprits, ils en tirent souvent une morale contraire à celle que souhaite enseigner l'auteur, en ce qu'ils sont enclins à s'identifier au personnage qui triomphe davantage qu'à celui qu'il faudrait imiter.

Andersen : des personnages auxquels les enfants peuvent s'identifier pour grandir

Hans Christian Andersen met en scène des enfants ou des « grands enfants » afin de proposer à ses lecteurs autant de modèles ou de contre-modèles qui leur permettent de grandir en tirant des leçons des *Contes* qui leur sont racontés : c'est d'ailleurs la raison pour laquelle un certain nombre d'entre eux narrent, de façon explicite ou métaphorique, le passage de l'enfance à l'âge adulte. L'un des récits les plus révélateurs de cette visée initiatique est « L'invalide » qui met en scène un jeune enfant auquel la lecture suivie d'un livre de contes permet de surmonter sa condition d'invalide.

Soyinka : un univers peuplé de personnages merveilleux

Aké se passe au Nigéria, pays dont les habitants pratiquent le christianisme, ainsi qu'en témoigne la famille de l'auteur, mais où sont également profondément ancrées des traditions animistes. C'est la raison pour laquelle évoluent parfois parmi les êtres humains des personnages merveilleux aux noms incantatoires, *oros*, ghommides et autres *egúngúns*, à propos desquels les adultes racontent des histoires aux enfants. C'est peut-être, d'ailleurs, selon cette même logique que le rocher sur lequel joue Wole se voit attribuer, au détour d'une comparaison biblique employée par la maîtresse de l'école du dimanche, le nom de Jonas.

Pouvoirs de l'enfance

1 Une absence totale de pouvoir

Rousseau : faiblesse et dépendance absolues

Rousseau l'indique en maints endroits, notamment du livre I : l'enfant est d'abord caractérisé par sa faiblesse et sa dépendance totale vis-à-vis des adultes pour ses besoins et sa survie. « Comme le premier état de l'homme est la misère et la faiblesse, ses premières voix sont la plainte et les pleurs. L'enfant sent ses besoins, et ne les peut satisfaire, il implore le secours d'autrui par des cris. » Les enfants sont tellement faibles d'ailleurs que beaucoup d'entre eux ne survivent pas. C'est d'autant plus une raison de ne pas accabler l'enfant, ou l'humilier par anticipation ou calcul d'un avenir qu'il n'atteindra peut-être pas, et au contraire de le laisser être heureux.

Andersen : une large autonomie dans une sphère limitée

Les enfants ou autres êtres immatures des contes d'Andersen ont à la fois beaucoup d'autonomie et un environnement plutôt limité. La petite sirène a la mer pour univers, Gerda et Karl sont livrés à eux-mêmes et à leurs jeux, Ida prend pour ami le premier étudiant venu, le sapin et le bonhomme de neige posent toutes les questions qu'ils veulent, mais aucun d'entre eux ne peut quitter son lieu d'enracinement sans changer de nature : Ida ne quitte la sphère domestique qu'en imagination, c'est l'apprentissage du mal qui fera quitter le foyer à Karl, et la petite sirène ne quitte la mer que pour finalement mourir, comme mourront le sapin et le bonhomme de neige.

Soyinka : une condition inacceptable

Le jeune Wole, dans l'ensemble, n'aime pas du tout être petit ni être un enfant, et cela a tout l'air d'être du fait de sa faiblesse relative et de sa dépendance. Il veut aller à l'école comme sa grande sœur, il grimpe à l'échelle adossée au mur d'enceinte afin d'embrasser tout son univers du regard, il suit les parades qui passent devant chez lui ; mais aussi, très rapidement, il se rebelle notamment contre les châtiments corporels censés l'améliorer, soit en douce – comme lorsque, ayant été battu pour avoir mangé du lait en poudre, il récidive – soit ouvertement, en expliquant à Daodu que le châtiment corporel ne sert à rien.

2 Les pouvoirs de la faiblesse

Rousseau : le risque constant de devenir méchant

C'est la faiblesse qui rend méchant, nous dit Rousseau au livre I. Si l'on ne fortifie pas l'enfant, si on ne lui apprend pas à faire face de façon autonome aux contraintes « des choses », il deviendra manipulateur, méchant, tyrannique. « Ainsi de leur propre faiblesse, d'où vient d'abord le sentiment de leur dépendance, naît ensuite l'idée de l'empire et de la domination ; mais cette idée [est] moins excitée par leurs besoins que par nos services » : quand l'enfant crie, on le soulage. Mais il ne faut surtout pas que l'enfant trouve un soulagement alors qu'il n'a aucun besoin : c'est lui apprendre le caprice. Rousseau fait la part du besoin affectif d'être consolé et aimé, mais c'est alors une distinction difficile : « Il importe de démêler l'intention secrète qui dicte le geste ou le cri. »

Andersen : le poids insoutenable du pathos

La faiblesse de l'enfant, sa dépendance et son manque d'autonomie dans un univers qu'il est obligé d'appréhender sans en avoir les moyens, parallèles à celles des pauvres comme Jørgen dans « Histoire des dunes » ou de la mère dans « Elle était bonne à rien ! », sont bien souvent d'un pathétique déchirant. La célébrité de certains contes – « La petite fille aux allumettes », « La petite sirène » – indique la justesse de ton dans le portrait de situations qui livrent les protagonistes à la merci de forces sociales au-delà de leur compréhension et, contrairement aux puissances organiques comme la mort, injustes.

Soyinka : la rébellion par la raison

Le jeune Wole refuse de laisser la crainte physique l'entamer et en montre d'autres instances, ainsi le cas de d'Akeenzy recevant sans broncher trente-six coups de baguette[1]. Mais ce sont peu à peu toutes les instances disciplinaires dont il questionne la rationalité ou l'efficacité : son père passe beaucoup d'énergie à lui faire perdre l'habitude machinale de se mouiller les lèvres en passant devant le lave-mains, alors que l'habitude serait partie avec le temps sec de l'harmattan, par exemple. En fin de parcours, à la fin du livre, ce sont toutes les conventions sociales, toute « la discipline » des adultes, toutes les affirmations, que l'on peut passer au crible de la raison et du questionnement.

---

[1] chapitre XII

3 Le pouvoir du souvenir et de la première expérience

Rousseau : le « charme [...] d'une belle enfance »

Au livre II, Rousseau se demande : « Quand est-ce que nous goûtons un vrai plaisir à voir un homme ? C'est quand la mémoire de ses actions nous fait rétrograder sur sa vie, et le rajeunit, pour ainsi dire, à nos yeux. » Et de même le plaisir « à contempler une belle enfance » est plus grand que celui de voir « la perfection de l'âge mûr », comme le printemps ajoute à ses beautés la promesse de l'été. Ce pouvoir légitime de l'enfance qui nourrit la vie entière doit être cultivé par une éducation dans la liberté et l'adaptation aux besoins et aux capacités de l'enfant.

Andersen : la source de valeurs essentielles

Pour Andersen, l'enfance est manifestement un moment propice à l'écoute et au changement, notamment par l'intermédiaire de ses contes en général et de la poésie en particulier : Ida apprivoise la mort, Karl comprend que le mal peut être dans le cœur de celui qui regarde, le crapaud montre que l'allant apporte des risques mais aussi des récompenses. Mais ces enfants et ces êtres jeunes, ou qui ont été jeunes, comme Rasmus dans « Ce que racontait la vieille Johanne », sont aussi en soi des êtres qui charment, qui servent de passeur dans le monde du sens, comme le montre le poète qu'est devenu l'auteur du conte trouvé dans le tonneau dans « Tante Mal-aux-dents ».

Soyinka : dis-moi qui tu fus, tu sauras qui tu es

La démarche autobiographique de Soyinka, entamée assez tard dans sa vie et alors qu'il a une stature publique et artistique internationale établie, s'inscrit clairement dans cette idée selon laquelle l'identité adulte a ses sources dans l'enfance. Mais comme toujours avec Soyinka, la notion elle-même sera explorée et nuancée dans l'autobiographie, qui justement met en doute le « CHANGEMENT »[2] pour valoriser la continuité et le développement organique.

[2] chapitre VII

Enfance, savoirs(s) et croyance(s)

1 Un savoir sensible

Rousseau : quand nécessité fait raison

Le projet anthropologique d'*Émile* consiste à faire revenir l'éducation là où elle aurait dû rester : dans le sillage de la nature. Mais alors pourquoi éduquer un enfant si la nature supplée à tous ses besoins ? L'éducation du premier âge est un non-savoir qui consiste à ne rien faire apprendre. Tout doit venir de la nature, des « dispositions primitives » excitées « par les objets qui nous environnent »[1]. Cela signifie que les savoirs fondamentaux, dérivés des besoins nécessaires, ne sont pas des idées mais des complexes sensoriels affectés positivement ou négativement selon le plaisir ou la douleur qui les accompagnent. L'apparition, avec le langage, d'idées complexes, correspond à l'émergence de la pensée abstraite. La raison qui s'émancipe de la nécessité naturelle peut alors seulement produire des connaissances.

Andersen : le point de vue des faibles

Les *Contes* s'adressent aux enfants et décrivent le monde comme eux peuvent le voir : souvent immense et dangereux. Ainsi, dans « Le crapaud », le héros est le plus fragile et le plus laid. Chaque étape qui l'éloigne du puits matriciel révèle à quel point ses facultés de connaissance sont inadaptées, par exemple quand il prend le papillon pour une fleur volante ; le puits symbolise le champ restreint de son savoir. Mais si le crapaud se trompe sur tout, cette ignorance l'empêche d'être effrayé. Les insuffisances encyclopédiques de cette faible créature lui permettent d'apprendre à connaître ce qu'il apprend à aimer. Chez les plus faibles, les sentiments sont l'instrument du savoir ; ils en sont des obstacles chez les adultes.

Soyinka : une nature forte

La nature d'*Aké* est peuplée d'esprits. On peut entrer en relation avec ces « ghommides », ces esprits de la forêt et des bois ; on peut acheter leur silence, mener des opérations pour les chasser, avoir une diplomatie à leur égard[2]. Ils sont à la fois étrangers et familiers (ils ont parfois apparence humaine, ils ont le sens de la propriété...). Cette nature nous échappe mais, à travers elle, ce sont nos propres passions qui prennent

[1] début du livre I [2] chapitre I

chair, et la mission fait barrière à la nature sauvage : elle creuse symboliquement un monde humain où la magie a reculé au profit de l'instruction et de la révélation chrétienne.

2 Des croyances envahissantes

Rousseau : une imagination disciplinée

Le principe de l'éducation négative est de construire une « enceinte »[3] destinée à protéger l'esprit et le corps des enfants. On sait quels efforts le pédagogue emploie[4] pour canaliser l'imagination des enfants : dompter la peur avec des jeux nocturnes[5] et des masques[6], mettre l'enfant à l'abri des premières passions sociales en limitant les contacts humains ; lui imposer une vie rustique qui permet, en épuisant le corps, de brider l'imagination. Rousseau ne cesse de craindre que son élève ne se « déporte » au-delà de lui-même. Pour le philosophe, le savoir, s'il précède le développement des facultés de l'enfant, est un poison entre les mains d'une imagination alors maîtresse du jeu.

Andersen : laisser croire

Les *Contes* assument évidemment le primat de l'imaginaire. La force des héros tient en ce qu'ils croient et qui est souvent symbolisé par le désir de voyager, de « franchir le seuil »[7]. On peut même parfois questionner la valeur pédagogique de récits si naïfs : une jeune fille mourant avec le sourire, une autre dont le salut dépend de son aptitude à gagner « l'amour d'un homme »[8], ou encore un amour qui se termine « sans dire pourquoi »[9]. Pour ces raisons, les *Contes* ne sont pas des apologues dont la morale justifie le récit. Ils sont exactement ce que Rousseau veut éviter : des récits qui excèdent l'expérience possible. Andersen fait le pari que ce que les enfants croient dans les contes ne les rend pas crédules.

Soyinka : qui croire ?

Aké met en perspective des conflits de légitimité : Wole doit-il croire son grand-père, qui l'initie rituellement[10], ou ses parents ? Doit-il préférer la machette de Broda Pupa[11] qui, entre les mains de ce dernier, réalise des prodiges, ou bien le compas[12] de son père ? Les instruments et les personnes symbolisent des verrous : l'animisme ou la science rationnelle ? La fascination pour le grand-père venu d'un monde où l'on parle aux morts doit-elle s'effacer au profit d'une religion où l'on prie pour eux ?

---

[3] début du livre I [4] livre II [5] livre II [6] fin du livre I [7] « Une histoire des dunes » [8] « La petite sirène » [9] « Le vaillant soldat de plomb » [10] chapitre IX [11] chapitre IX [12] chapitre XII

3 Des croyances rationnelles ?

Rousseau : bien comprendre pour bien savoir

L'aptitude au langage est une période périlleuse car les mots peuvent véhiculer des idées bien plus larges que celles provoquées par les sensations. Mais le projet de Rousseau de ramener le nombre de mots aux seules idées que l'enfant peut comprendre est irréalisable, voire dangereux[13]. La pédagogie de l'exemple est bien plus crédible pour contenir l'imagination débridée : ainsi, au milieu du livre II, l'enfant est incité à copier les attitudes ajustées de son maître aux choses et aux personnes. L'exemple est plus efficace que bien des discours.

Andersen : croire pour comprendre

On peut s'instruire sans que l'on nous enseigne, au moins directement. « La cloche », à cet égard, est exemplaire, car les enfants qui parviennent au ravissement ultime découvrent que la nature, au crépuscule, est une église, et que leur silence est une prière. Leur détermination les conduit à une compréhension de vérités supérieures : la foi authentique est moins ce qu'on peut comprendre que ce qu'on veut croire. Vertu d'espérance : comme les mages de l'Épiphanie guidés par une étoile, les enfants sont guidés par une cloche. Ce n'est pas sérieux, mais peut-on espérer de Dieu et demeurer parfaitement raisonnable ?

Soyinka : une raison désenchantée

Aké s'ouvre par un enchantement, puisque Dieu « descend » habiter sur les terres de la mission, et se clôture par un désenchantement : le monde que Wole abandonne avec le « poids de [ses] années » est moins irrationnel que celui qui l'attend. L'éveil de son intelligence rationnelle au fil de ses années, à l'école puis au Lycée, l'éloigne-t-il définitivement d'une sagesse enfantine, perdue à jamais ? Les progrès de la raison ne compensent pas les illusions perdues. En quittant l'enfance, la « discipline » des adultes paraît une folie.

---

[13] fin du livre I

Enfance et éducation

1 L'enfance est ignorance ; éduquer, est-ce donc simplement transmettre ?

Rousseau : on ne transmet à un enfant que des préjugés

L'idéal d'une enfance libérée de l'emprise de la société humaine entre les mains de laquelle « tout dégénère » est au cœur d'*Émile*. On ne raisonne pas avec les enfants et Rousseau rejette toute idée de l'éducation comme transmission d'une culture, non seulement dans le cadre collectif des « collèges » mais aussi dans celui de la famille et dans les livres. Jusqu'à 12 ans, on ne peut transmettre que des préjugés. L'éducation idéale est « négative », campagnarde, solitaire et simple. L'enfant doit être guidé par « la nature et les choses » : retrouver cette enfance authentique permettra peut-être de libérer l'humanité des préjugés.

Andersen : si pauvre soit-il, tout enfant est un héritier

Les *Contes* d'Andersen transmettent le folklore scandinave et les valeurs chrétiennes. Dans « Un caractère gai », le héros a hérité de son père, cocher de corbillard et éternel optimiste. Il est pauvre mais heureux au cimetière « lorsque le soleil brille et que les arbres y sont verts ». Il n'a pas accès à la haute culture, mais il lit les *Petites annonces*, « ce journal que le peuple écrit de sa propre main ». L'amour de la nature et le goût des traditions populaires sont l'héritage des enfants de pauvres comme Andersen. Et c'est celui que ses contes transmettent.

Soyinka : les paradoxes de la figure du Père

Soyinka se présente comme le produit d'une famille d'intellectuels qui vivaient dans les bâtiments de l'école dirigée par son père, Essay ou HM (HeadMaster). La dernière scène du livre montre Wole entrant au Lycée National d'Ibadan. Essay, qui a étudié avec lui et l'a préparé à l'examen d'entrée au lycée, lui aura transmis une culture qui est une extraordinaire synthèse de l'Occident et de l'Afrique. Mais la figure d'Essay est plus complexe que celle d'un simple vecteur de transmission : c'est aussi par ses silences, ses questionnements et son côté « avocat du diable » qu'il aura éduqué son fils.

2 L'enfance est faiblesse : la protéger ou l'endurcir ?

Rousseau : une éducation naturelle rend l'enfant plus fort

Rousseau l'affirme au début d'*Émile* : les enfants sont « faibles », « dépourvus de tout » et « stupides ». Il s'indigne de l'« éducation barbare », qui nie cette faiblesse et la sacrifie à un hypothétique avenir. Rousseau propose des solutions : l'autonomie de l'enfant qui apprendra à « dépendre des choses » et non des hommes. Ainsi, Rousseau refuse les livres et les relations sociales au jeune Émile, et il lui impose des contraintes naturelles : les bains froids, l'exercice physique et une forme de travail sur un lopin de terre, où il acquiert le sens de l'effort, de l'indépendance et de la propriété.

Andersen : la nature est la protectrice des enfants

Pour Andersen, la fragilité est ce que les enfants ont en partage avec les pauvres. Ils connaissent « le froid, le besoin et la détresse du pauvre mais aussi la joie du pauvre » (« Une histoire des dunes ») : la joie de recevoir plutôt que de conquérir. Dans ses contes, la nature est figure protectrice et source inépuisable de cette joie. Ainsi dans « Les cygnes sauvages » une souris apporte des orties à Élisa pour l'aider à tisser des cottes de mailles à ses frères, et un merle chante toute la nuit pour la soutenir. Dans « Une image vue depuis le rempart de la citadelle », un dur forçat est à la fenêtre de sa prison. Soudain, un rayon de soleil, un chant d'oiseau, un parfum de violette, une fugace impression de printemps lui font oublier, comme à un enfant, son amertume de n'être ni heureux, ni innocent.

Soyinka : les paradoxes de la figure de la mère

Chrétienne Sauvage, mère de Wole et adepte de « la foi et de la discipline », est une incarnation de cette tension entre l'éducation comme protection et comme endurcissement. En un sens, elle est un emblème de la charité et de la générosité. Elle recueille ainsi chez elle, jusque dans sa chambre, des enfants que leur parents lui confient ou lui abandonnent. Mais c'est elle aussi qui est préposée aux châtiments corporels. Parce qu'il est gourmand et mange en cachette du lait en poudre abandonné dans un placard, Wole se retrouve ainsi « dans la cour en train de sautiller, [...] d'éviter [l]es coups de poing et [l]es coups de pied furieux, tombant sous les uns et roulant sous les autres ».

3 L'enfance est imagination : éduquer la créativité ?

Rousseau : l'éducation « négative » à la liberté

Rousseau souligne que l'enfant n'est pas un adulte en miniature. Son monde est différent du nôtre et doit être respecté. Il convient de « traiter [l']élève selon son âge ». Ceci explique pourquoi la première éducation doit être purement négative et consister à « laisser mûrir l'enfance dans les enfants ». Éduquer un enfant à la liberté implique que l'éducateur accepte de s'effacer. Rousseau doute que beaucoup d'adultes en soient capables et recommande le choix d'un très jeune gouverneur qui soit le compagnon de son élève plus que son maître.

Andersen : le conte comme pédagogie de l'imagination

Telle est aussi la leçon « [D]es fleurs de la petite Ida ». Andersen y récuse le modèle pédagogique traditionnel de l'ennuyeux conseiller de chancellerie qui répète « A-t-on idée de faire croire des choses pareilles à cette enfant ? » et refuse la moindre place à l'imagination, mais approuve le jeune étudiant qui console Ida en faisant œuvre de conteur : si les fleurs se fanent, c'est parce qu'elles ont dansé toute la nuit.

Soyinka : la figure du grand-père

Chez Soyinka, le monde d'Isara, grand-père paternel d'Aké, est inquiétant et distinct de celui transmis par ses parents. Wole, qui ne pratique pas le culte des ancêtres et s'inquiète terriblement du manque d'une hygiène que sa mère réprouverait certainement, s'y découvre étranger, différent des autres. Mais c'est aussi là qu'il découvre sa liberté de prendre ses distances avec l'éducation livresque qu'il a reçue. Ainsi, il accepte l'épreuve initiatique traditionnelle comme la leçon de son grand-père : « le monde est plus vaste que le monde des chrétiens ou que le monde des livres ».

Sortir de l'enfance

1 Sortir de l'enfance, c'est avoir triomphé de ses épreuves

Rousseau : les épreuves de la nature mènent à la liberté

Vers dix ans, Émile est un « enfant fait »[1] : il a saisi tout ce que la nature lui offrait d'apprentissages et de liberté ; son corps, comme ses sens, ont trouvé à se développer sans contrainte, confrontés à la nécessité des « choses » et non des « volontés »[2] délétères de la société. Il a appris à « se borner uniquement à l'utile réel, sans rien accorder à la fantaisie ou au désir sans raison »[3]. Il symbolise la liberté, la vitalité et la jeunesse : « voyez dans ses mouvements prompts, mais sûrs, la vivacité de son âge, la fermeté de l'indépendance ». C'est donc naturellement qu'il s'apprête à faire « un pas d'homme »[4].

Andersen : partir à l'aventure et revenir adulte

Les enfants des contes d'Andersen partent pour de fabuleuses aventures qui se transforment en quêtes initiatiques dont ils reviennent changés – et adultes. Si certains contes présentent le passage à l'âge adulte comme le résultat triomphant de différentes épreuves souvent morales – « La reine des neiges », par exemple – beaucoup donnent à voir ce même passage, cette même expérience d'épreuves douloureuses, comme une métamorphose qui passe par un véritable changement d'identité – « La petite sirène », « Les cygnes sauvages », « Le vilain petit canard ».

Soyinka : apprendre à survivre

Âgé de onze ans au terme du récit, le jeune Wole prend conscience qu'il lui faudra dorénavant « accéder à un nouvel univers »[5]. Cela n'est possible que parce qu'il a achevé son premier apprentissage. Toute son enfance fonctionne « comme une école d'aguerrissement, comme un terrain d'entraînement pour apprendre à survivre »[6] : de l'éducation par les livres, autre « champ de bataille »[7], donnée par son père, aux punitions corporelles du lycée en passant par l'observation du danger des travaux des champs et les scarifications infligées par son grand-père paternel[8], Wole fait l'apprentissage de la rudesse de la vie. C'est une fois l'apprentissage de la survie acquis qu'on peut sortir de l'enfance.

---

[1] fin du livre II [2] livre I [3] livre I [4] fin du livre II [5] dernière phrase [6] chapitre XII
[7] chapitre IX [8] fin du chapitre IX

2 Sortir de l'enfance, c'est mettre le monde à distance

Rousseau : des « idées simples » aux « idées complexes »

Pour Rousseau, la sortie de l'enfance s'effectue lorsque l'on passe de la « raison sensitive ou puérile », celle qui « consiste à former des idées simples par le concours de plusieurs sensations », à la « raison intellectuelle ou humaine » qui « consiste à former des idées complexes par le concours de plusieurs idées simples »[9] : autrement dit, c'est avoir acquis suffisamment de liberté et d'indépendance dans la maîtrise de ses cinq sens pour pouvoir accéder au sixième et dernier, les « idées ». En combinant les sensations qui sont issues de la nature, l'enfant aura accès à un monde nouveau qui serait resté inaccessible sans les enseignements de cette même nature.

Andersen : le second degré, sourire des grands enfants

On n'attend pas des contes pour enfants qu'ils soient réalistes : le merveilleux est banal chez Andersen. Cependant, ces contes sont narrés avec un style amusé : l'auteur programme un horizon de réception qui prend de la distance avec ce qui est raconté, et ouvre au second degré. Ses contes s'adressent aussi aux grands enfants, et sortir de l'enfance, c'est sourire de voir enfin toute la complexité du monde. Andersen souligne donc avec malice la simplicité de ses contes : ainsi la répétition de l'adjectif « vrai » dans « La princesse sur le pois » – « voilà, c'était une vraie histoire ! »[10] ; ainsi la réflexion amusée dans « Le vaillant soldat » – « comme il arrive parfois des choses bizarres dans le monde ! »[11] ; ainsi, plus généralement, toutes les interventions fréquentes du narrateur.

Soyinka : l'ironie et l'univers « irrationnel » des adultes

Chez Soyinka aussi, la sortie de l'enfance passe par la capacité à prendre ses distances avec le monde : à la fin du roman, le jeune Wole comprend pour la première fois l'ironie en s'apercevant que l'air désolé de Beere lorsqu'ils apprennent que les élèves n'ont pas droit aux chaussures au Lycée National est en fait de l'amusement : tout au long du récit, Wole rêve de chaussures, chaussures que sa mère lui refuse et que sa tante lui promet s'il obtient une bourse. Wole, en comprenant le décalage entre ce qui est dit et ce qui est signifié, en prenant ses distances avec la réalité, sent « peser sur [lui] le poids de [ses] années ». Comme il le dit : « le moment était venu d'entreprendre les mutations mentales nécessaires pour accéder à un nouvel univers »[12], celui, plus riche, des significations complexes.

[9] fin du livre II [10] p. 44 [11] p. 93 [12] dernière phrase

3 Sort-on jamais de l'enfance ?

Rousseau : le charme de l'imagination

À la fin du livre II, Rousseau fait remarquer que l'imagination ajoute un charme aux objets réels en lui superposant ses chimères : ainsi est-on ému par le printemps parce qu'on imagine, face à ses pousses vert tendre, l'été à venir. Par la vertu de cette même imagination « qui réunit en un point des temps qui doivent se succéder », l'enfant survit dans l'adulte et « nous goûtons un vrai plaisir à voir un homme [...] quand la mémoire de ses actions nous fait rétrograder sur sa vie, et le rajeunit, pour ainsi dire, à nos yeux ». L'enfant parfait annonce un adulte dont la perfection anticipée pourra plus tard donner plaisir à imaginer l'enfance.

Andersen : l'enfance éternelle

Dans les contes d'Andersen, l'enfance semble éternelle : soit les personnages en sortent, transformés et grandis mais capables de conjuguer les deux âges de la vie, d'être « adultes et cependant enfants, enfants par le cœur »[13], soit ils n'en sortent jamais. Ainsi de nombreux contes s'achèvent sur la mort du personnage-enfant, par exemple « La petite fille aux allumettes », « Le sapin » et « Le bonhomme de neige ». La mort est une autre façon de rendre l'enfance éternelle.

Soyinka : conserver l'enfance au fond de soi ?

Dans l'autobiographie, le narrateur adulte fait surgir un personnage, l'enfant qu'il était. Dans le « je » se confondent alors deux états de la vie. La mémoire est le lieu de la conservation de l'enfance, et si le narrateur adulte l'a bien quittée, en témoignent les descriptions mélancoliques des changements survenus dans les paysages de l'enfance au début de bien des chapitres, il peut la re-convoquer à loisir par la magie de l'écriture.

---

[13] « La reine des neiges », p. 188

L'enfant et l'adulte

1 L'enfant et l'adulte : un dialogue de sourds ?

Rousseau : l'erreur des adultes sur les enfants

La formation d'Émile, élève fictif, dont se charge Rousseau lui-même, lui donne l'occasion de revenir à plusieurs reprises sur une erreur que commettent les adultes dans leur compréhension de l'enfance : ils traitent l'enfant comme un jeune adulte, corrompant ainsi en lui la nature, sans compter qu'une telle erreur fait naître dans son cœur ces vices mêmes dont ils veulent les préserver. L'éducation selon la nature que propose Rousseau retarde le plus possible le temps des préceptes moraux et de l'instruction classique ; le bon pédagogue n'impose pas ses vues car il ne veut pas gâter l'enfant : « Laissez longtemps agir la nature, avant de vous mêler d'agir à sa place. »

Andersen : deux mondes souvent distincts

Dans nombre de contes d'Andersen, l'on trouve une opposition entre deux mondes distincts par l'âge, la classe sociale ou l'identité de leurs acteurs. Cette dernière est variable puisque les personnages de ces histoires peuvent être aussi bien des êtres humains que des animaux ou des objets. En creux, cette opposition figure celle qui peut exister entre enfance et adulte. Chez ce dernier, dominent les conventions, le « réalisme », la préoccupation de ce qui est utile, autant d'éléments allant contre les règles qui régissent le second : la gratuité du rêve, l'émerveillement, les belles histoires. C'est ce qu'en pense le conseiller de chancellerie dans « Les fleurs de la petite Ida » : « C'est de l'imagination, ce sont des stupidités ! »

Soyinka : l'irrationalité des adultes

Le thème de l'irrationalité des adultes revient plusieurs fois au long de l'ouvrage. Il en est même le dernier mot : « Le moment était venu d'entreprendre les mutations mentales nécessaires pour accéder à un nouvel univers d'adultes irrationnels et à leur discipline. » Soyinka, devenu adulte, renoue avec certaines convictions d'enfance qui l'avaient mené à trouver irrationnels nombre de comportements, de pratiques ou d'habitudes qu'il avait observés.

2 L'enfant et l'adulte : le premier, lumière du second ?

Rousseau : l'enfance ou l'état de nature

Rousseau distingue les époques de la vie et assigne à l'enfance un certain nombre de caractéristiques que l'âge adulte vient dépasser, aussi l'adulte ne peut trouver de modèle dans l'enfant, qui ne sait pas lire, écrire, juger de manière complexe. Toutefois, il y a chez l'enfant une « dépendance des choses », une docilité à la nature dont l'adulte peut s'inspirer ; l'adulte est appelé à obéir aux lois comme l'enfant sait « obéir » à la nature. L'enfance peut alors être un modèle, et sans doute peut-on sentir chez l'auteur, dans le portrait de l'enfant accompli qu'il brosse à la fin du livre II, de la nostalgie, ainsi que la secrète conviction selon laquelle l'enfance est le meilleur exemplaire de notre humanité.

Andersen : l'enfance spirituelle inspire les adultes

Les *Contes* d'Andersen, étant des contes, reposent sur cette fraîcheur de l'enfance, ce monde du merveilleux ; ils sont aussi marqués par la tradition chrétienne de l'enfance spirituelle, explicite dans certains contes (« La reine des neiges ») ou plus diffuse dans d'autres, sous la forme d'une célébration de l'enfance et de la pauvreté évangélique (« Les bougies », « Elle n'était bonne à rien »). L'enfant est donc, en quelque sorte, un modèle pour les adultes, dans sa capacité à se réjouir de ce qui est simple, dans la bonté que son cœur sait montrer face à une réalité parfois cruelle.

Soyinka : le regard perçant d'un enfant sur les adultes

Dans *Aké*, le jeune Wole pose un regard critique sur nombre de situations jugées normales par les adultes. Cela se produit pour au moins deux épisodes qui semblent l'avoir particulièrement marqué : le châtiment de la jeune fille qui fait encore sur la natte (chapitre VI) et le mariage forcé (fin du chapitre XII) qui intervient alors que Soyinka introduit ce groupe de femmes censé promouvoir la condition féminine. La conscience pure de l'enfant est alors à même de dénoncer la cruauté de certaines pratiques ou de débusquer la convention futile.

3 L'adulte : modèle pour l'enfant ou repoussoir ?

Rousseau : le pédagogue invisible ?

Le bon pédagogue, selon Rousseau, s'efface, sa personnalité ne devant surtout pas s'interposer entre l'élève et sa vraie maîtresse, la nature, qu'il doit révéler par toute son attitude. L'apprentissage du bien et du mal n'est qu'une conséquence de l'apprentissage de ce qui peut ou ne peut pas se faire : « N'offrez jamais à ses volontés indiscrètes que des obstacles physiques ou des punitions qui naissent des actions mêmes [...] ; sans lui défendre de mal faire, il suffit de l'en empêcher. » Au fond, l'adulte est autant un modèle que peut l'être la nature. Aucune interférence affective n'est à favoriser : ni repoussoir, ni modèle affectif.

Andersen : l'adulte, un bien triste modèle

Le sens symbolique prévaut dans les contes, aussi les mots « enfant » et « adulte » ne sont pas à comprendre au sens courant. L'adulte, au sens symbolique, renvoie à toute personne qui prétend avoir raison, par opposition aux enfants, à qui est révélée une certaine sagesse en raison de leur propension à suivre la voix de leur cœur. Dans les histoires du recueil, certains adultes se comportent comme des adultes, d'autres comme des enfants (au sens symbolique), et d'autres encore se sentent dépassés par la vie et réapprennent à agir comme des enfants. L'adulte ne serait donc un repoussoir, ou seulement un pauvre modèle bien triste, que si on restreint le terme à son sens symbolique.

Soyinka : l'adulte, un modèle ambigu

Le regard précoce du jeune Wole interroge la légitimité de l'autorité dont les adultes se réclament. Pourquoi se prosterner devant un homme si on ne se prosterne déjà pas devant Dieu ? Pourquoi suivre des modèles de disciplines incohérents ou insensés ? Autant de questionnements que partage l'auteur, avec le ton de l'enfance et le regard de l'adulte, incarnant ainsi lui-même cette ambiguïté. On trouve nombre d'adultes qui sont pour lui de belles références – son père plus que sa mère semble-t-il et peut-être aussi son grand-père d'Isara – mais le monde des adultes étant un monde trop contrasté, aucun modèle n'émerge vraiment.

Dire l'enfance

1 Dire l'enfance, c'est se souvenir

Rousseau : quand les souvenirs personnels s'en mêlent

Le travail quasi anthropologique de Rousseau dans *Émile* fait la part belle aux souvenirs d'observations, introduits par le verbe *voir*. Il a ainsi « vu quelquefois le petit manège des jeunes femmes qui feignent de vouloir nourrir leurs enfants » ou « un de ces incommodes pleureurs ainsi frappé par sa nourrice ». Il se souvient aussi, pour illustrer la mise en œuvre de ses méthodes, d'enfants dont il s'est occupé. Mais Rousseau ajoute des souvenirs de sa propre enfance, parfois explicitement, demandant à ses lecteurs de lui pardonner « de tirer quelquefois [s]es exemples de [lui]-même », ce qu'il associe au « plaisir », lorsqu'il se souvient de ce qui lui avait donné du courage lors d'une tâche nocturne ; parfois sans le dire : ainsi à qui pense-t-il en voulant faire d'Émile « l'émule d'un chevreuil » sinon à lui-même, tôt adepte des « sentiers escarpés » de sa Suisse natale ?

Andersen : se raconter mais sans le dire

Le caractère autobiographique de certains contes d'Andersen est affaire de connaissances et de curiosité critique, non d'un pacte autobiographique explicite. Ainsi, « Elle n'était bonne à rien » évoque sans doute sa mère, femme du peuple simple et pieuse morte d'alcoolisme ; « Une histoire de dunes » ne fait-il pas écho à ses échecs sentimentaux ? Plus largement, Andersen, d'origine très modeste, ne cesse de renouveler la question du destin social. Finalement, le thème d'une sensibilité exacerbée, caractéristique par exemple de « La Princesse sur le pois » ou du « Bonhomme de neige », renvoie à la sensibilité de l'artiste à l'origine du « beau conte » que pouvait sembler avoir été sa vie. C'est du fait des œuvres explicitement autobiographiques d'Andersen et de son abondante correspondance que nous pouvons comprendre ces dimensions des contes : il faut donc souligner la spécificité de ce genre, notamment dans sa capacité à recréer les rêveries et spéculations enfantines.

Soyinka : un projet très classique

Lorsque Soyinka aborde comme sujet d'écriture sa propre enfance, il n'a écrit de proprement autobiographique qu'un mémoire de prison,

The Man Died (« Cet homme est mort », 1972), mais il est déjà internationalement reconnu comme un des grands écrivains engagés africains anglophones de sa génération. *Aké*, comme ses suites en 1989, 1994 et 2006, est un projet autobiographique classique : la figure double de l'auteur dans l'œuvre, à la fois personnage et narrateur, crée une distance temporelle et met en scène la quête des origines d'une identité.

2 Dire l'enfance, c'est spéculer : induire et déduire

Rousseau : connaître pour éduquer

Le comportement vis-à-vis du nourrisson et du petit enfant se fonde sur l'observation et la spéculation empathique, conduisant ainsi Rousseau à récuser l'emmaillotement ou à préconiser de laisser pleurer l'enfant. Abordant l'accompagnement d'Émile, Rousseau poursuit cette méthode en conseillant à ses émules de laisser l'enfant « maître de ses volontés » : « vous pourrez l'étudier tout à votre aise, et disposer tout autour de lui les leçons que vous voulez lui donner, sans qu'il pense jamais en recevoir aucune ». Il s'agit non pas tant de « donne[r] la science », que de « [s]'occupe[r] de l'instrument propre à l'acquérir ». L'observation constante permet de calibrer l'environnement donné à Émile afin qu'il se modifie dans le sens de ses aptitudes naturelles.

Andersen : un aspect inattendu des contes

On n'attend pas de dimension réflexive des contes d'Andersen. Cependant, une caractéristique de l'enfance telle qu'Andersen la conçoit, perceptible chez les enfants de ses contes comme dans son horizon de réception, est un animisme généralisé qui prête vie intérieure et sensibilité à tous les objets de l'environnement enfantin, du flocon de neige aux animaux en tous genres en passant par le vent lui-même comme dans « Valdemar Daae ».

Soyinka : une dimension peu présente

L'enfance n'est en revanche pas un lieu de spéculation chez Soyinka, mais un moment de l'existence aussi transitoire que formateur. Ce n'est pas l'enfance qui l'intéresse, c'est la façon dont cette étape de sa vie l'a formé. On relève cependant son appartenance à une famille d'éducateurs professionnels dont les conceptions de l'enfance sont bien présentes. On trouve par exemple l'omniprésence des punitions, dont l'oncle maternel du héros loue le caractère endurcissant, et qui contraste avec des pratiques plus fines dans sa famille paternelle. Que cette dernière conserve des liens avec l'animisme nigérian, alors que la famille maternelle est, quoi qu'elle en pense, plus tributaire des idéologies occidentales, notamment chrétiennes, n'est pas le fruit du hasard.

3 Dire l'enfance, c'est rêver

Rousseau : une dimension secrète ?

Rousseau ne s'invente-t-il pas dans *Émile* l'éducation, ou l'enfance, qu'il aurait voulu vivre ? La description de certaines leçons est jubilatoire (les chasses au trésor, la géométrie appliquée, le solfège sans douleur) tout comme le soin mis à imaginer une enfance à la fois livrée à ses propres goûts et soigneusement encadrée. Deux dimensions ressortent : l'apprentissage scientifique sans abstraction spéculative, soit la méthode inductive savamment mise en scène ; l'apprentissage de la soumission de la volonté au principe de réalité en l'absence de tout agent humain du pouvoir, lui aussi du fait de mises en scène complexes.

Andersen : une dimension manifeste

Andersen fait rêver les enfants de ses contes, rêve lui-même d'enfances et d'enfants, et rêve afin de plaire aux enfants. Parallèlement aux contes qui satisfont des désirs simples comme le confort matériel ou le pouvoir (« Le briquet », « La reine des neiges »), beaucoup présentent le passage à l'âge adulte comme une métamorphose complexe, un changement d'identité en général douloureux – « La petite sirène », « Les cygnes sauvages », « Le vilain petit canard ». Le monde social s'oppose systématiquement au monde tel que les enfants l'entendent, même s'ils peuvent y trouver leur place, et le monde des enfants est aussi souvent le monde de l'invention linguistique, esthétique, voire scientifique – « Le jardinier et ses maîtres », « Le grand serpent de mer ».

Soyinka : une dimension inconsciente ?

Les aventures de Soyinka enfant sont proprement étonnantes, à commencer par les surnoms attribués à ses parents, *Chrétienne Sauvage* et *Essay*. La précocité du narrateur est presque fantastique et pourtant tout à fait vraisemblable – qui ne se souvient d'avoir quitté, vers trois ans, l'enclos familial pour le magasin de bonbons du coin de la rue, à l'autre bout du monde ? Ce qui est intéressant, c'est l'assurance avec laquelle l'auteur affirme l'exactitude de ces souvenirs, ce qui assoit aussi les évaluations des changements des lieux entre l'enfance des années 1930 et l'Aké de 1980 au début de bien des chapitres. La mémoire de l'enfance est donnée, telle quelle, comme l'entremêlement des esprits et autres fantômes africains ou la conviction que le sang peut être remplacé dans le corps au moyen d'un entonnoir.

Index